Small beginnings with unlikely people,
given lots of time, and lots of faith,
and lots of hope and love, can change the world.

BRIAN MCLAREN

IMPRESSUM

Dieses Buch ist Lynn Brooks (1930–2013) gewidmet.

Dieses Buch entstand in Kooperation mit Big Apple Greeter Inc., NYC
Alle Fotografien von: Darius Ramazani, Marina Kloess, Lindsey Brunsman,
Bild S. 340: age fotostock / Alamy Stock Photo

Unser spezieller Dank gilt Stefan Wiesner.

Redaktion: Thomas Joussen, Frank Mesterharm
Gestaltungskonzept: JoussenKarliczek GmbH
(Danke an Karin, Lindsey, Salome, Sara und Peter)
Layout und Satz: JoussenKarliczek GmbH
Lektorat: Günther Matthia, MatMil & Kollegen Buch- und Medienherstellung GbR
Korrektorat: Susanne Joussen und Gisela Haberer-Faye
Herstellung: Arnold & Domnick, Leipzig
Druck: PNB Print
Printed in Latvia

FSC
www.fsc.org
MIX
Papier aus verantwortungsvollen Quellen
FSC® C084698

ISBN: 9778-3-95728-212-5

www.knesebeck-verlag.de

JOUSSENKARLICZEK

VON THOMAS JOUSSEN

NEW YORK TO GO

MIT
FRANK MESTERHARM,
DARIUS RAMAZANI,
MARINA KLOESS UND
LINDSEY BRUNSMAN

DER INSIDER-CITY-GUIDE

20 X UNTERWEGS MIT DEN BIG APPLE GREETERN

KNESEBECK

INTRO

Ein Buch über die faszinierendste Stadt der Welt, über gelebte Willkommenskultur, über zahllose Begegnungen und über die Liebe: zu New York und zu unzähligen Menschen, die eben noch Fremde waren.

Meine erste Begegnung mit New York liegt lange zurück. 1992 führte mich ein Auslandspraktikum in New Jersey an den Rand der Metropole. Der erste echte Besuch brachte mich gleich mitten nach Manhattan. Im Kofferraum unseres weißen Toyota transportierten wir eine Arbeitsplatte, die wir ausliefern sollten. Adresse: Greenwich, Bank Street 75. Zur Orientierung: Das ist dort, wo die Straßen kunterbunt verlaufen, wo es das hilfreiche rechteckige Raster nicht gibt.
Als dann der Kunde, ein Herr mittleren Alters, durch das enge Treppenhaus nach unten rief, dass der Aufzug defekt und er leider nur mit einem Bademantel bekleidet sei, dachte ich nur: Willkommen in New York City!

Verschwitzt und mit schweren Armen besuchte ich am gleichen Tag zum ersten Mal das Museum of Modern Art. Das hatte ich als Belohnung für die Zustellung ausgehandelt. Als ich schließlich abends in die weichen Kissen meines Bettes in New Jersey fiel, war ich bereits vom Virus infiziert. New York hatte mich unwiderstehlich in seinen Bann gezogen.

Wie das mit Verliebten so ist: Man trifft sich regelmäßig, man schwärmt, und man lernt sich Schritt für Schritt immer besser kennen. Als mein Schwager Tobias mir einmal eher beiläufig erzählte, er habe kürzlich einen Spaziergang mit einem Big Apple Greeter gemacht und das sei super gewesen, war ich erstaunt, dass ich von dieser Organisation noch nie gehört hatte.

Also haben meine Frau Sanne und ich bei unserem nächsten Besuch in der Stadt gleich eine Tour für

Sterneköche, Straßenbuden: Essen ist ein omnipräsentes Thema.

Zahlen, Buchstaben, Farben machen Navigation in New York easy.

uns gebucht: Barbara Tomanelli zeigte uns die Upper West Side und konnte uns für ihren Stadtteil, den Schauplatz der berühmten *West Side Story*, sowie für die Idee der Big Apple Greeter begeistern.

Wir haben bei Zabar's, dem New Yorker Feinkostladen, Kochrezepte ausgetauscht, uns bei Gray's Papayas allesamt mit Hot-Dog-Soße bekleckert, haben »Maria« aus der West Side Story gesummt und uns blendend unterhalten. Diese Begegnung hat unser Gefühl für die Stadt verändert. Wir hatten jetzt eine Freundin in New York, eine, die sich auskennt und die es gut mit uns meint. Dabei kannten wir uns erst ein paar Stunden.

Big Apple Greeter sät die Idee, dass es sich lohnt, sich in andere zu investieren. Die Greeter kultivieren Gastfreundschaft und vermitteln ihren Gästen das Gefühl, dass das Treffen auch für sie selbst ein guter Deal ist. Die Freude an der Begegnung mit dem eben noch Fremden, die lebhaften Gespräche über Persönliches und die gemeinsame Zeit sind für Gäste und Gastgeber ein Gewinn.

Als wir uns damals bei Barbara bedankten, antwortete sie: »Oh, you are welcome!« – Genau so haben wir uns gefühlt: willkommen geheißen in New York City, der für mich faszinierendsten Stadt der Welt.

Die Idee von Big Apple Greeter hat uns nachhaltig begeistert und letztendlich zu diesem Buch inspiriert. Auf den 20 Runden hat sich das Besondere wiederholt: 20 New Yorker haben uns ihre Stadt gezeigt und uns dabei mit ihrer Freundlichkeit und ihrer Zeit beschenkt.

New York wird mich nicht mehr loslassen, so viel steht fest. Es wäre schön, wenn dieses Buch Begeisterung für meine Lieblingsstadt wecken und Grundlage für erlebnisreiche Besuche in der Metropole am Hudson werden kann. Noch schöner, wenn es inspiriert, selbst ein guter Gastgeber zu sein und andere im eigenen Leben willkommen zu heißen. Jeder einzelne Big Apple Greeter beweist, dass es sich lohnt, sich Zeit für die Begegnung mit anderen Menschen zu nehmen.

Also: Let's walk! Und: You are welcome!

Come rain, come shine – New York macht immer Spaß, selbst bei Unwetter.

»YOU VISIT THE BIG CITY AND YOU FEEL ›I AM ALL ALONE‹. BUT THERE'S A FRIEND ALREADY THERE, WAITING FOR YOU.«

JO MURRAY, BIG APPLE GREETER

»Du kommst in die große Stadt und denkst, du seist völlig alleine. Aber da ist schon ein Freund, der dich erwartet.«

BIG APPLE GREETER

Mit etwas mehr als 300 freiwilligen Mitarbeitern begrüßen die Big Apple Greeter Besucher aus aller Herren Länder in den Five Boroughs, den fünf Stadtteilen ihrer Stadt New York. Das Erstaunliche: Die meisten Besucher haben es zuvor nur nach Manhattan, mit etwas Glück noch nach Brooklyn geschafft. So erweitern die Greeter den meisten ihrer Gäste schon durch ihr breiteres Angebot den Horizont.

Es funktioniert ganz einfach: Die Besucher melden auf der Website der Big Apple Greeter ihre Wünsche bezüglich Ort, Zeit, Sprache und Interessenschwerpunkt an. Dann wird ihnen ihr Greeter bestätigt, der sie an einem markanten Punkt trifft, zumeist in der Lobby des Hotels, in dem die Gäste wohnen.

In etwa drei- bis vierstündigen Touren erleben sie dann an der Seite ihres ehrenamtlichen Begleiters den jeweiligen Stadtteil. Individuell, persönlich und durchmischt mit ganz viel Biografischem. Wer mag, kommt auch zu den klassischen Sehenswürdigkeiten; die eigentliche Idee ist aber, Orte zu entdecken, die man alleine kaum gefunden hätte. Man sieht New York so auch mit den Augen eines Einheimischen, erlebt die Stadt aus erster Hand und dadurch plötzlich völlig anders.

Wir stellen die Organisation und ihre Idee am Beispiel von 20 Spaziergängen mit ehrenamtlichen Greetern vor. Diese Menschen mit den unterschiedlichsten Biografien haben alle eines gemeinsam: Sie investieren sich unentgeltlich in ihrer Freizeit, um anderen Menschen zu begegnen und ihnen einen guten Start in New York zu schenken. Was sie antreibt, ist die Faszination, die die Mega-City New York auf sie selbst ausübt. Es sind aber auch eine echte, warmherzige Gastfreundschaft und die Freude an der Begegnung mit anderen Menschen. Unsere 20 Greeter haben uns alle glaubhaft vermittelt, dass sie selbst bei den Spaziergängen mehr beschenkt werden als wir, die Menschen, mit denen sie ihre Zeit und ihre Erfahrungen teilen.

Übrigens: Die Bürgermeister von NYC finden das Konzept der Greeter so gut, dass sie die Arbeit seit mehr als zwei Jahrzehnten unterstützen, indem sie der Organisation Büroräume in der City Hall zur Verfügung stellen. Ein schönes Signal.

Es wäre großartig, wenn die hier skizzierten Berichte unserer Spaziergänge beim Lesen Vorfreude auslösen, Lust machen auf die außergewöhnliche Stadt und dazu animieren, einmal selbst New York mit einem New Yorker zu entdecken.

Im Gespräch auf den Straßen der Stadt könnte dann das entstehen, was die Idee der Big Apple Greeter so großartig macht: authentische persönliche Begegnungen und freundschaftliche Nähe zwischen Menschen, die sich eben noch nicht kannten.

Und hier geht's los:
www.bigapplegreeter.org

INHALTSVERZEICHNIS

HIER WAREN WIR UNTERWEGS

❶ **MIDTOWN** mit Sami Steigmann

❷ **STATEN ISLAND** mit Ray Marquez

❸ **WEST VILLAGE** mit Mary Alice Kellogg

❹ **YANKEE STADIUM** mit Charles Schwartz

❺ **DUMBO & WILLIAMSBURG** mit Jonathan Graf

❻ **CHINATOWN & LITTLE ITALY** mit Jo Murray

❼ **QUEENS ASTORIA** mit Al Riggi & Nikki Padilla

❽ **HARLEM** mit Chafin Elliott

❾ **BRONX ARTHUR AVE. / ZOO / BOTANICAL GARDEN** mit Dan Abatelli

❿ **TRIBECA** mit Betty Heller

⓫ **UPPER WEST SIDE** mit Barbara Tomanelli

⓬ **BROOKLYN HEIGHTS** mit Julie Compton

⓭ **CENTRAL PARK** mit Richard Fine & Ethan Brook

⓮ **UPPER EAST SIDE** mit Jay Freeman

⓯ **CONEY ISLAND** mit Marianne Gennari

⓰ **LOWER EAST SIDE** mit Sheryl Harawitz

⓱ **TIMES SQUARE** mit Sofia Kim

⓲ **QUEENS 7 TRAIN** mit Suzanne Paliotta

⓳ **CHELSEA** mit Gustavo Asto

⓴ **FINANCIAL DISTRICT** mit Bruce Rich

9
THE BRONX
4
8
MAN-
HATTAN
11
13
14
7
18
17
1
19
3
QUEENS
10
6
16
20
5
12
BROOKLYN
2
STATEN ISLAND
15
N
W
O
S

DIE GESCHICHTE VON BIG APPLE GREETER BEGINNT MIT LYNN BROOKS

Was für eine großartige Idee: Menschen kommen in deine Stadt, zu Besuch, zum Arbeiten oder aus irgendeinem anderen Grund. Du kennst diese Menschen nicht. Sie stehen jedoch genauso wie du mit einem gewissen Unbehagen vor dem Neuen, sind verunsichert durch all das Unbekannte. Sie wollen sich den Ort erschließen, der für sie im ersten Moment vornehmlich aus verschlossenen Türen zu bestehen scheint.

Wie wäre es, wenn du diesen Leuten einfach freundlich die Hand entgegenstreckst, sie anlächelst und sie einlädst, dich auf einer Runde durch deine Gegend zu begleiten? Du könntest der erste Mensch sein, den sie hier kennenlernen. Du kannst derjenige sein, der ihr Bild von deiner Heimat maßgeblich prägt. Du kannst ihnen das Unbekannte erschließen. Du kannst ihr erster Freund hier werden.

Etwa so wurde die Idee geboren, die Lynn Brooks 1992 dazu brachte, die Big Apple Greeter (und damit die weltweit erste Greeter-Initiative) zu gründen. Zweifellos haben auch die Umstände im New York der frühen Neunziger maßgeblich dazu beigetragen, dass Lynn die Notwendigkeit sah, etwas zu tun.

New York war dabei, den gesellschaftlichen Verfall der 60er, 70er und 80er Jahre abzuschütteln und aufzuarbeiten. Der Rest der Welt hatte zu dieser Zeit noch kaum bemerkt, dass ein Wendepunkt erreicht worden war und die Stadt begonnen hatte, sich den Staub aus den Kleidern zu klopfen. Für die gesellschaftliche Umkehr und den damit verbundenen Imagewechsel wurden Menschen gebraucht, die mit konkreten Ideen und Maßnahmen daran mitwirkten, dass der Stadt eine Wende zum Besseren tatsächlich gelingen konnte.

Wer New York City damals als Tourist besuchte, hatte meist eine Mischung aus Sorge, Befürchtungen und Fragezeichen im Gepäck: In welchem Zustand werde ich die Stadt und ihre Bewohner wohl vorfinden? Logischerweise hatte das Auswirkungen auf den Tourismus, die Hotels. Auch die Restaurants und Geschäfte in der Stadt litten sehr. Viele Besucher fragten sich damals, wie man freiwillig an einem Ort leben konnte, der kein bisschen einladend wirkte.

Als Lynn Brooks die Idee hatte, etwas für das Ansehen ihrer Stadt zu tun, fügten sich Umstände und Vorstellungen zusammen. Gute Ideen brauchen ja bekanntlich gleichermaßen richtiges Timing und begünstigende Randbedingungen. Lynn hatte bis zu diesem Zeitpunkt im Personalwesen gearbeitet und bereits jahrelange Erfahrung mit ehrenamtlichen Helfern und Mitarbeitern in unterschiedlichen Organisationen gesammelt. Sie und ihr Ehemann Stan Brooks, ein bekannter Radiojournalist, pflegten einen großen Bekanntenkreis in New York. Heute würde man das vielleicht Netzwerk nennen.

Der eigentliche Impuls entstand bei einer Reise des Ehepaares Brooks nach Israel. Die beiden erlebten dort, wie immer wieder ehrenamtliche Reiseführer auf sie zukamen und anboten, ihnen die Gegend zu zeigen. Unentgeltlich. Weil es ihnen wichtig war, ihr Wissen zu teilen und einen positiven Eindruck vom Heiligen Land zu vermitteln. Auch das Image von Israel hatte zu jener Zeit einige ›Kratzer im Lack‹ …

Das in Israel Erlebte inspirierte Lynn Brooks, etwas Vergleichbares in ihrer Stadt zu tun und Fremde mit Menschen aus New York zusammenzubringen. Gäste, Geschäftsreisende, Studenten und Touristen. Menschen unterschiedlichster Herkunft und Kultur sollten sich mit New Yorkern treffen, die ihnen ihre Stadt zeigen und dabei ihre ganz persönliche Perspektive vermitteln konnten. Wenn beim Zusammentreffen Einzelner immer wieder der Funke übersprang, dann mochte aus vielen einzelnen Begegnungen eine Bewegung entstehen, die vielleicht sogar weltweite Signalwirkung haben konnte.

Lynn Brooks, Gründerin von Big Apple Greeter

Lynn Brooks träumte davon, dass das alles mit Freiwilligen möglich werden würde. Sie war überzeugt, dass die Kraft menschlicher Begegnung schwindet, wenn sie zum Geschäftsmodell verkommt. Lynn glaubte fest daran, dass es ihr gelingen würde, Mitstreiter für die Idee zu begeistern und so Schritt für Schritt ein Team an Ehrenamtlichen zu gewinnen.

Ihr Traum ist wahr geworden: Tausende Personen haben sich im Lauf der vergangenen 25 Jahre als Greeter engagiert, mehr als 7.000 Begegnungen organisiert das Büro heute pro Jahr. Das Konzept von Lynn, dass sich durch kleine Begegnungen das große Bild verändert, funktioniert. Im Wortsinn Schritt für Schritt, auf zahllosen Spaziergängen durch New York City.

Mittlerweile gibt es mehr als 20 Initiativen ähnlicher Art rund um den Globus. Der erste Funke aber war die Idee dieser sympathischen Frau. Wir haben Lynn noch kennengelernt und waren beeindruckt von ihrer Klarheit und Geradlinigkeit, ihrer Freundlichkeit und ihrer zurückhaltenden Eleganz, die man mit Fug und Recht Klasse nennen kann. Ihr Tod im Mai 2013 hat uns tief getroffen.

Aber sie lebt weiter in ihrer Idee und in jeder neuen Begegnung von Gästen mit einem Big Apple Greeter.

LET

’S 

PERSHING SQUARE
GRAND CENTRAL TERMINAL
15

1

MANHATTAN MIDTOWN

MIT SAMI STEIGMANN

LB FM MK

WILLKOMMEN IN MIDTOWN:

MITTENDRIN IM PULSIERENDEN ZENTRUM DER STADT DER STÄDTE

Wer an New York denkt, denkt in der Regel zunächst an Manhattan; die meisten, die an Manhattan denken, haben Midtown vor Augen. Mit der Grand Central Station, dem Rockefeller Center, der Saint Patrick's Cathedral und dem legendären Waldorf Astoria Hotel liegen berühmte New-York-Ikonen auf dem Weg, den Sami Steigmann uns zeigt. Wir lassen das Empire State Building ohne Besichtigung im Süden liegen. »Das findet ihr selbst, oder?« Wir dringen im Norden nicht bis zum Central Park vor und tauchen doch ganz tief ein in die legendäre Mitte des Big Apple.

»An dieser Stelle ist die Stadt besonders vertikal«, erklärt uns Sami. »Innerhalb von New York ist Manhattan noch mal etwas ganz Spezielles: Hier gibt es nämlich keine Einfamilienhäuser.« Im Herzen der Stadt stehen an Wohngebäuden nur Apartment-Häuser, die oft 400, 800 oder sogar 1.200 einzelne Wohnungen beherbergen. »Würde man die Apartments eines solchen Häuserblocks aus der Vertikalen auf eine Fläche verteilen, also die Wohnungen nebeneinander anordnen, ergäben sich riesige Wohngegenden, in vielen Fällen mit völlig eigenem Charakter, eigenen Menschen und eigenem Stil.« Eine interessante Idee, der zeigt, wie Sami Steigmann denkt. Wir lassen uns von seinen hintergründigen Denkanstößen und von seinem tiefen Wissen über die Stadt und das Leben schnell begeistern. Dabei hatte er sich zunächst mit ernster Mine vorgestellt: »Ich bin nicht besonders nett, denn ich komme aus Transsilvanien. Ihr wisst, was das bedeutet!« Schnell huschte jedoch ein Lächeln über Samis Züge: »Und ich bin Jude: Da wirkt das Kreuz nicht als Gegenmittel!«

Tatsächlich hat Sami ein Herz aus Gold. Als Holocaust-Überlebender waren seine Kindheit und Jugend alles andere als ein Zuckerschlecken. Aber er sagt: »Wie du bist, ist deine eigene Entscheidung!« Und er hat sich entschieden, ein Mensch voll übersprudelnder Kraft und Lebensfreude zu sein. Letztere verschenkt er in reichem Maße an seine Gäste.

Samis erstes Anliegen besteht darin, uns zu zeigen, wie offen New York ist. Dazu führt er uns von Grand Central gleich in ein Luxus-Hotel der Stadt: das Waldorf Astoria. Und tatsächlich: Jede Tür öffnet sich uns, wir erhalten ganz ungestört traumhafte Einblicke in die Welt der Reichen und Schönen voller Luxus. Ohne Einladung, unbeobachtet, gänzlich frei und ohne am Ende von einem der höflichen Concierges eine Rechnung präsentiert zu bekommen.

Sami strahlt: »Willkommen in meinem zweiten Zuhause – ist das nicht fantastisch?«

Wer Grand Central Terminal betritt, hat eher das Gefühl, eine Oper zu besuchen als einen Bahnhof, so feierlich und erhaben wirkt das prächtige, 1913 eröffnete Gebäude.

CAFE GRUMPY

1. GRAND CENTRAL TERMINAL

Unser Treffpunkt mit Sami Steigmann war der New Yorker Kopfbahnhof der Superlative. Hier kommen 67 Gleise auf zwei Ebenen an. Damit ist das Grand Central Terminal der größte Bahnhof der Welt. »Eines der Gleise wurde für nur eine Person reserviert: Franklin D. Roosevelt. Niemand sollte seinen Rollstuhl sehen, wenn er nach Manhattan kam, um im Waldorf Astoria zu residieren.« Es wird gleich deutlich, wie fundiert sich Sami in seiner Stadt auskennt.

Nach wenigen Momenten bittet er uns, uns in die Ecke zu stellen, genauer gesagt in zwei Ecken jeweils am Ende eines Kreuzgewölbes im Untergeschoss des Grand Central Terminals. Dann fordert er einen von uns auf, etwas zu flüstern. Der andere kann es trotz des hohen Lärmpegels auch zehn Meter entfernt so hören, als stünde er direkt daneben.

Betritt man die große Halle, ist viel Spannendes zu sehen, aber keiner der sechs Eingänge des Bahnhofs, durch die jeden Tag rund eine Dreiviertelmillion Reisende hinein- und herausströmen. Wie Sami uns auf einem Foto zeigt, brach ursprünglich gleißendes Licht durch die Fenster an den Stirnseiten, bevor auf beiden Seiten Wolkenkratzer in die Höhe wuchsen und der Sonne den Weg verstellten.

An der Decke der großen Bahnhofshalle kann man die Sterne sehen, sogar in ihrer tatsächlichen Anordnung, allerdings spiegelverkehrt, aufgrund eines Irrtums des Künstlers. Der Gedanke an eine Berichtigung wurde seinerzeit schnell wieder verworfen. Typisch für New York, fand man eine Erklärung: »Hier kann man die Sterne aus Gottes Perspektive betrachten.«

Die Treppenaufgänge in der Bahnhofshalle sind übrigens ein architektonisches Zitat: Sie wurden präzise denen des ehrwürdigen Opernhauses von Paris nachempfunden.

Sami hat einen Insider-Tipp für uns: das Campbell Apartment. Einst als Gefängniszelle für Bahnhofs-Rüpel genutzt, ist es heute eine hübsche Cocktail-Bar, die selbst viele New Yorker nicht kennen: »Da könnt ihr entspannt ein paar Stunden einsitzen.«

Die zentral gelegene Uhr im Grand Central Terminal: beliebter Treffpunkt mit den Big Apple Greetern.

Im weltweit größten Super-Kopfbahnhof kommen 67 Gleise auf zwei Ebenen an.
Eines dieser Gleise wurde einst für nur eine Person reserviert: Franklin D. Roosevelt. Niemand sollte seinen Rollstuhl sehen, wenn er New York besuchte.

»Viele nennen Grand Central fälschlicherweise nicht Terminal, was im Amerikanischen Endbahnhof heißt. Der Begriff Station bezeichnet in der Regel eine Haltestelle oder ein Postamt. Und das große Postamt gibt es auch, aber in der 33rd Steet/8th Avenue.«
Im Hintergrund: die herrliche Spitze des Chrysler-Buildings im Art-déco-Stil.

Vanderbilt Ave
HYATT

THE WALDORF-ASTORIA
WALDORF ASTORIA
NEW YORK

2. WALDORF ASTORIA HOTEL

Seit 1931 hat sich jeder amerikanische Präsident in diesem Art-déco-Traum einquartiert, wenn er in New York war. Das 42-stöckige Gebäude gehört heute zur Hilton-Gruppe. Es ging aus zwei früheren Luxushotels der Stadt hervor.

Als der Geschmack der Besucher sich änderte und die angesagten Viertel der Stadt sich langsam verschoben, verlor der ursprüngliche Standort des Waldorf Astoria an der 5th Avenue an Glanz und wurde 1929 aufgegeben. Das neue Hotel entstand an seinem heutigen Standort in einer Rekordbauzeit von nur zwei Jahren. Zahlreiche Hindernisse waren dabei zu überwinden, nicht zuletzt, dass es über den dort bereits liegenden Zuggleisen des Grand Central Terminal gebaut werden musste. Als es 1931 eröffnet wurde, war es für die folgenden 20 Jahre das größte und höchste Hotel der Welt. Noch heute gilt es als das größte Art-déco-Gebäude weltweit.

Gründer des Hotels war übrigens der deutschstämmige Johann Jakob Astor, der 1763 in Walldorf in Baden das Licht der Welt erblickt hatte und durch Pelz- und Porzellanhandel sowie Immobiliengeschäftezum reichsten Amerikaner seiner Tage wurde.

Kurios: Im Jahre 1929 wurde der ursprüngliche Hotelkomplex an der Ecke 5th Avenue und 33rd Street abgerissen. Seit 1931 ist genau an dieser Stelle das Empire State Building zu finden. Ebenfalls seit 1931 steht das prächtige ›neue‹ Waldorf Astoria an seinem heutigen Ort in der Park Avenue.

Prometheus in Gold, Atlas mit der Welt auf seinen Schultern: Das Rockefeller Center schwelgt in mächtigen Gesten. Dass die Türme der gewaltigen St. Patrick's Cathedral 101 Meter hoch sind, ahnt man kaum angesichts der deutlich höheren Umgebung.

3. ROCKEFELLER CENTER UND ST. PATRICK'S CATHEDRAL

Groß und majestätisch erhebt sich die neugotische Kathedrale des Erzbischofs der römisch-katholischen Erzdiözese von New York genau gegenüber dem Rockefeller Center, einem betörenden Konsumtempel. Aber ähnlich wie St. John the Divine in der Upper Westside, immerhin das drittgrößte Gotteshaus der Welt, nimmt sich auch diese Kirche inmitten der Wolkenkratzer ringsum etwas schmächtig aus.

Beispielsweise der direkte Nachbar auf der gegenüberliegenden Straßenseite: Der wunderbare Art-déco-Komplex besteht aus insgesamt 21 Hochhäusern, die innen wie außen zu den schönsten Bauwerken der Welt zählen. Das Ensemble verdanken wir der kunstsinnigen Weitsicht des einzigen männlichen Erben des Öl-Milliardärs John D. Rockefeller Senior. In die Bauzeit von 1926 bis 1931 fällt mit dem Börsencrash 1929 ein Ereignis, das manch anderen Investor sicherlich in die Knie gezwungen hätte – nicht so John D. Rockefeller II.

Die Atlas-Statue kennt zumindest jeder Liebhaber der Serie *30 Rock*: Sie trägt die Welt auf ihren mächtigen Schultern. Am Fuße der Hochhäuser sehen wir Blumenbeete mit Setzkästen, in denen Kohlköpfe auf Tulpen treffen: »Die Dekoration wechselt hier alle paar Wochen«, erklärt Sami. »Die Gärtner sind sehr einfallsreich.«

4. MURRAY HILL (HISTORIC DISTRICT)

In Murray Hill gibt es statt der üblichen grünen Straßenschilder braune. »Wir befinden uns hier in einem denkmalgeschützten Bezirk. Die Vorfahren von Mary und Robert Murray haben festgelegt, dass hier keine Geschäfte entstehen sollten. Murray Hill sollte eine reine Wohngegend bleiben. Natürlich konnten sie nicht ahnen, dass es einmal Hochhäuser geben würde, die sich heute an jeder Straßenecke erheben.« Unser Greeter Sami Steigmann war eher durch Zufall Mitglied des Komitees, das vor 30 Jahren diesen Bezirk unter Schutz stellen ließ, um ihn für die Nachwelt zu erhalten.

Sami macht uns auf eine Gedenktafel in der 35th Street aufmerksam. Sie erzählt die Geschichte von Murray Hill. Das Farmhaus der Murrays befand sich in der heutigen 37th Street. Dort verwickelte Mary Murray die Offiziere des britischen Generals Howe für zwei Stunden in ein Gespräch. Eigentlich wollten die Soldaten nur kurz vorbeischauen. Sie waren dabei, die amerikanischen Unabhängigkeitskämpfer um George Washington einzukesseln und festzunehmen. Dank des klugen Einschreitens der Farmersfrau entkamen aber Washington und seine Begleitung nach Harlem, New Jersey und Pennsylvania. Der Rest ist Geschichte.

Die Farm der Familie Murray spielte eine wichtige Rolle im amerikanischen Unabhängigkeitskrieg. Murray Hill war lange Zeit das bevorzugte Wohnquartier der New Yorker High Society. Etwa die Hälfte der Gäste, die zu den elitären Festen bei Lady Astor anreisten, kam aus Murray Hill.

»Hungrig geworden vom Herumspazieren?«, fragt uns Sami. Er empfiehlt einen Midtown-Klassiker: Sarge's Delicatessen & Diner verwöhnt seine Gäste seit 1964 mit Pastrami, Corned Beef und Matzo Ball Soup. Und das alles unter Original-Tiffany-Leuchtern Ecke 3rd Avenue/36th Street.

Trotz direkter Nachbarschaft zu den großen Boulevards geht es in Murray Hill ein kleines bisschen beschaulicher zu.

DINER
DINER
Murray Hill Diner
LEXINGTON AV
ONE WAY
NO STANDING
NO PARKING
TITAN
A spotless floor.

Big Apple Greeter
New York City

Die Tour mit Sami.

SAMI STEIGMANN

- wurde in Transsilvanien, also im heutigen Rumänien, geboren
- hat als Jude den Holocaust überlebt und ist dann nach New York gekommen
- arbeitete zunächst als Buchhalter, mochte den Job aber nie
- war als Pharma-Referent des deutschen Hoechst-Konzerns viele Jahre täglich hier unterwegs

»NEW YORK CITY GEHÖRT EIGENTLICH GAR NICHT WIRKLICH ZU DEN VEREINIGTEN STAATEN VON AMERIKA. ES IST EINFACH EIN GANZ SPEZIELLER DSCHUNGEL.«

HAST DU DICH SCHON EHRENAMTLICH ENGAGIERT, BEVOR DU GREETER WURDEST?

Oh ja. Zuvor war ich fünf Jahre lang als Freiwilliger bei einer anderen Organisation tätig. Als dort eine neue Direktorin die Leitung übernahm, die lieber junge Mitarbeiter haben wollte und nicht mit Pensionären umgehen konnte, wurde ich gewissermaßen beiseitegeschoben. Daher entschied ich mich, exklusiv für die Make-a-wish-Foundation tätig zu werden, und diese Organisation hat sich dann 2002 mit Big Apple Greeter zusammengetan. Manche meiner Freunde denken, dass ich verrückt bin, weil ich mich so intensiv freiwillig engagiere. Sie raten mir, mehr an mich selbst zu denken. Aber ich bin gerne rund 60 Stunden pro Woche ehrenamtlich unterwegs.

WARUM PASST DIESE AUFGABE BESONDERS GUT ZU DEINER PERSÖNLICHKEIT?

Sie erlaubt mir, zwei meiner wichtigen Bedürfnisse zu erfüllen. Und es ist mir wichtig zu sagen, dass das wirklich Bedürfnisse sind, nicht nur Wünsche. Einerseits zu lehren, andererseits zu teilen. Hier kann ich beides miteinander verbinden. Ein schöner Nebeneffekt ist, dass ich dabei viele Freunde in aller Welt gewonnen habe.

WARUM IST ES IN DEINEN AUGEN WICHTIG, DASS DU KEIN GELD FÜR DEINE GREETS ERHÄLTST?

Das hier ist ein echter Liebesdienst. Wenn ich Geld dafür nehmen würde, würde es sich für mich wie Arbeit anfühlen.

WIE REAGIEREN MENSCHEN, DIE ZUM ERSTEN MAL NACH MANHATTAN KOMMEN?

Die meisten sind beim ersten Besuch von den Wolkenkratzern überwältigt. Wenn sie sich daran gewöhnt haben, finden sie schnell heraus, dass New York eine extrem freundliche Stadt ist. Im Jahr 2010 gab es eine Untersuchung in den 35 größten amerikanischen Städten, um herauszufinden, in welcher die nettesten Menschen leben. Das Ergebnis wurde im *Reader's Digest* veröffentlicht: New York ist die Nummer 1.

DU LEBST SEIT JAHREN IN DIESER STADT, DIE AUCH ALS SEHR TEUER GILT.

Stimmt, New York ist natürlich eine prima Stadt für reiche Menschen. Man kann hier aber auch ganz gut leben, wenn man nur über ein normales Einkommen verfügt. Es ist darüber hinaus auch eine gute Stadt für ältere Menschen. Und es ist eine sehr gute Stadt für ärmere Mitbürger, denn die Stadt tut viel für diese Menschen, bietet günstigen Wohnraum, Vergünstigungen bei Kulturangeboten und vieles mehr. Nur die Mittelklasse, die muss sich irgendwie dazwischenquetschen: Viele arbeiten als Büroangestellte, die einen ganz anderen Lebensstil haben. Viele Angebote der Stadt können sie allein deshalb nicht nutzen, weil sie so lange Arbeitszeiten haben. Sie haben einfach nicht die Zeit, die Stadt so zu erleben, wie sie wirklich ist.

DEPT. OF TRANSPORTATION
NEW YORK

2

STATEN ISLAND

MIT RAY MARQUEZ

TJ MK

WILLKOMMEN IN STATEN ISLAND:

RUHEPOL INMITTEN DER STADT, DIE NIEMALS SCHLÄFT: DAS UNBEKANNTE BOROUGH STATEN ISLAND

Der eher ruhige, unscheinbare Ray Marquez sticht durch sein warmes, einladendes Lächeln aus der Menge auf dem vollen Vorplatz der Staten Island Ferry Station am Südzipfel Manhattans heraus. Daher gehen wir schnurstracks auf den Mann mit dem grauen Vollbart zu. Wie wir später feststellen, spiegelt er perfekt den Charakter seines Stadtteils. Staten Island ist die ruhige, zurückhaltende Schwester von vier sehr lebhaften, starken Persönlichkeiten.

Gerade in dieser Ruhe liegt der Reiz für die Menschen, die hier ihr Zuhause haben. Und in den deutlich günstigeren Preisen für Wohnraum. »Ein Haus in Staten Island kostet halb so viel wie in Brooklyn und nur ein Drittel von dem, was in Manhattan für die gleiche Wohnfläche gefordert wird. Hier kann man für 1.000 Dollar bereits ein komfortables kleines Apartment mieten«, erklärt Ray. »Von den 500.000 Einwohnern fahren die meisten jeden Tag mit der Staten Island Ferry zur Arbeit und kommen abends zurück in die Idylle hier.«

Die Fähre überbrückt die 8,2 Kilometer (oder 5,1 Meilen) zwischen dem Nordende von Staten Island und dem südlichen Teil Manhattans durch die Upper Bay. Sie passiert dabei die Freiheitsstatue, eines der Wahrzeichen der Stadt. Die Fährverbindung ist täglich, rund um die Uhr und vor allem kostenlos in Betrieb, um den Menschen, die in Manhattan, Brooklyn, Queens oder der Bronx arbeiten, einen günstigen Weg von ihrem Wohnbezirk zum Arbeitsplatz am anderen Ufer zu ermöglichen.

Die Fläche von Staten Island ist so groß wie Manhattan und die Bronx zusammen. Reichlich Naherholung bietet dieser oft übersehene fünfte Stadtteil in Form von Parks, Wäldern und Stränden zusätzlich. »Ich mache eine Wette«, sagt Ray. »80 Prozent aller in New York City lebenden Menschen waren noch nie in Staten Island. Die wissen gar nicht, wie schön es hier ist. Das war früher anders: Die Rockefellers und auch die Vanderbilts besaßen hier elegante, große Anwesen, haben hier ihre Wochenenden verbracht und nicht selten auch große Gesellschaften gegeben.«

Wie eine Markierung wirkt das beeindruckende Staten Island September 11 Memorial, das an alle Opfer aus diesem Borough erinnert.

Beer · Smoothies · Coffee · Pastries Salads · Sandwiches · Hot Dogs

1. BATTERY PARK

»Wir treffen uns im Battery Park an der Landestelle der Fähre. Das ist unsere erste spannende Station!« Für Ray Marquez beginnt die Runde in Staten Island fast immer an der Südspitze von Manhattan. Er erklärt: »Battery Park wurde als Befestigungsanlage gegen Seeangriffe gebaut, der Boden wurde von den ersten Siedlern dafür aufgeschüttet. Wären wir vor einigen hundert Jahren an dieser Stelle gewesen, hätten wir schwimmen müssen.«

»Battery Park gehörte zu einer Befestigungsanlage, die die Engländer um 1810 rund um das gesamte Hafenbecken angelegt haben«, fährt Ray fort. »Neben Castle Clinton in Manhattan gehören noch Castle Williams auf Governors Island, Fort Gibson auf Ellis Island, Fort Wood auf Liberty Island und einige kleine Anlagen dazu. Soweit ich weiß, wurde aus den Kanonen aber nie ein Schuss abgegeben.«

Heute ist Battery Park eine hübsche Grünanlage, von der die Fährschiffe zur Freiheitsstatue und zur Einwanderungsinsel Ellis Island und die Boote der Staten Island Ferry an- und ablegen.

»Der Platz, an dem das Terminal liegt, heißt Peter Minuit Plaza«, erklärt Ray. »Das war der holländische Seefahrer, der 1626 den Indianern Manhattan abgekauft hat. Für die Holländer ein tolles Geschäft. Die 60 Gulden würden heute etwa 680 Dollar entsprechen. Für die Indianer ist das bis heute ein großes Missverständnis. Sie dachten, sie hätten das Land nur verpachtet.«

Das beeindruckende Staten Island Ferry Whitehall Terminal erinnert an ein großes Schiff. Es wurde im Jahre 2005 komplett renoviert.

FERRY

2. STATEN ISLAND FERRY

»Die Staten Island Ferry fährt rund um die Uhr, jeden Tag 24 Stunden lang. Diese kostenlose Fahrt ist für mich die beste 25-Minuten-Tour, die New York City zu bieten hat.« Ray ist begeistert von den knallgelben Booten, die Tag für Tag Einwohner aus Staten Island zu ihren Arbeitsplätzen in den anderen Teilen von New York bringen. »Morgens und abends ist sie unser Boot, zwischen 11 und 16 Uhr gehört die Fähre dann aber fast komplett den Touristen.«

»Etwa 100 Fahrten pro Tag bewältigt die Flotte der Fährschiffe. 70.000 Passagiere täglich, also mehr als 20 Millionen pro Jahr, transportieren die insgesamt zehn Boote der Gesellschaft«, rechnet uns Ray vor. »Die kleinste Fähre fasst 1.200 Passagiere. Die fährt vor allem nachts. In den Stoßzeiten kann das größte Schiff bis zu 6.000 Passagiere befördern.«

»Für mich ist die Fähre immer schon ein großartiger Puffer zwischen meinen Lebensbereichen gewesen: Während der Überfahrten habe ich am Morgen den Tag in Gedanken vorbereitet oder abends die Sorgen abgelegt und mich auf zu Hause gefreut.«

Ray empfiehlt, sich die Zeit zu nehmen, die Fährfahrt zweimal zu machen. Einmal am Tag und einmal nachts, wenn die Lichter die Skyline zur Filmkulisse werden lassen.

Apropos Filme: »Erinnert ihr euch an einen Film, in dem die Staten Island Ferry mitspielt?«, fragt Ray. »Mir fällt jetzt kein spezieller Titel ein, es sind einfach zu viele. Fest steht: Diese simple Fährverbindung ist ein großer Star.«

Einer der schönsten Blicke auf die Skyline. Und das kostenlos – night and day.

3. STATUE OF LIBERTY UND ROBBINS REEF LIGHTHOUSE

Die Fahrt auf der Fähre gewährt einen großartigen Blick auf die Freiheitsstatue. Aus nächster Nähe gleitet man an Lady Liberty vorüber. »Wusstet ihr, dass die Statue Amerikas erster Leuchtturm war? Die Statue ist ein Geschenk der Franzosen. Die haben sich nämlich auch über unsere Unabhängigkeit gefreut.«

Ray weist uns während der Überfahrt darauf hin, dass die Statue voller Symbolik ist. So steht zum Beispiel auf der Tafel in der linken Hand das Datum der amerikanischen Unabhängigkeit, zu den Füßen der Göttin Libertas liegt eine zerbrochene Kette als Zeichen der Befreiung.

»Interessant ist, dass die Statue ursprünglich in Ägypten am Ende des Suezkanals stehen sollte. Als daraus nichts wurde, fand man die Idee großartig, dass sie auf diese kleine Insel hier in der Upper New York Bay kommen sollte. In den letzten Jahren war sie ein paar Mal geschlossen. Nach dem 11. September und weil ihr ein Hurricane ganz schön zugesetzt hat. Aber jetzt kann man sie wieder besuchen.«

Wenig später passiert die Fähre Robbins Reef Lighthouse, einen winzigen Leuchtturm mit einer spannenden Geschichte. Im Vergleich zum nationalen Wahrzeichen ist diese Sehenswürdigkeit in jeder Hinsicht eine Miniatur: Das kleine Eiland beherbergt nur einen winzigen Leuchtturm. »Der fällt kaum jemandem auf«, sagt Ray. »Aber die Geschichte ist interessant. Hier wohnte eine Frau, Kate, mit ihren beiden Söhnen und zu Beginn auch mit ihrem Mann. Der starb aber früh, und so wurde sie Leuchtturmwärterin. Im Laufe der Jahre hat sie 50 Schiffsuntergänge verhindert. Sie ist hier wirklich eine Ikone. Die Familie hat in diesem Leuchtturm gelebt und ist immer wieder mit dem Ruderboot nach Jersey gefahren, zur Schule, zum Einkaufen und so … unvorstellbar!«

Die Fähre passiert den winzigen Leuchtturm, der auch Kate's Light genannt wird, im Hafenbecken von New York zigmal am Tag. Kaum zu glauben, dass die Leuchtturmwärterin Katherine Walker und ihre Familie hier etwa 33 Jahre lang ganzjährig wohnten.

Nach wie vor *das* Wahrzeichen von New York City: die Freiheitsstatue. Obwohl das Wasser um Liberty Island zu New Jersey gehört, ist der Bundesstaat New York für die Insel und ihre berühmte 46 Meter hohe Bewohnerin zuständig.

JOHN
DIFATO
Business Unit Controller
Cantor Fitzgerald, Inc.
b. 8.31.1962
MARTIN
GIOVINAZZO
Maintenance
Marsh & McLennan
b. 10.5.1966
JANE ELLEN
BAESZLER
Municipal Bond Broker
Cantor Fitzgerald, Inc.
b. 1.2.1958
CANNIZZARO
Firefighter
FDNY, Ladder 101
b. 12.1.1970
JAMES
GIBERSON
Firefighter
FDNY, Ladder 35
b. 10.10.1957
LISA BELLA
CANNAVA
Supervisor
Carr Futures
b. 12.22.1970
STEPHEN GERARD
SILLER
Firefighter
FDNY, Squad 1
b. 11.15.1966
CHARLES L.
KASPER
Deputy Chief
FDNY, SOC
b. 10.27.1946
SAL
FIUMEFREDDO
Telephone Technician
Cantor Fitzgerald, Inc.
b. 3.17.1956
ROBERT "FIN"
CURATOLO
Firefighter
FDNY, Ladder 16
b. 3.2.1970
MICHELLE MARIE
HENRIQUE
Executive Secretary
Fiduciary Trust Int'l.
b. 12.13.1973
SCOTT
MCGOVERN
Broker
Euro Brokers, Inc.
b. 11.29.1965
JOHN AUGUST
SANTORE
Firefighter
FDNY, Ladder 5
b. 2.3.1952
AZUCENA
DE LA TORRE
Project Manager - VP
eSpeed/Cantor Fitzgerald
b. 1.8.1951
ROBERT
LYNCH
Property Manager
Port Authority of NY/NJ
b. 12.29.1956
STEPHEN "SNAPPER"
KNAPP
Chief Maintenance Super.
Port Authority of NY/NJ
b. 10.24.1945

4. ESPLANADE AND STATEN ISLAND SEPTEMBER 11 MEMORIAL

»Die meisten Touristen nutzen die Fähre für die Überfahrt und drehen dann gleich wieder um. Das ist ein großer Fehler. Staten Island hat hier gleich in der Nähe der Fährstation viel zu bieten«, lädt Ray uns auf die Esplanade ein. Auf der breiten Teakpromenade gehen wir vorbei am Baseballstadion der Staten Island Yankees, dem sogenannten Farmteam der New York Yankees, wo die Nachwuchskräfte spielen, bevor sie vielleicht einmal Profis in weltberühmten Teams werden.

»Einer meiner Lieblingsplätze ist das Postcards-Memorial. Es erinnert an die Opfer des 11. September, die hier in Staten Island gelebt haben. Das Denkmal ist poetisch und trotzdem sehr würdevoll. Die Angehörigen nutzen diesen Ort, um sich zu erinnern. Eine Künstlerin hat die Gesichter der Opfer hier ganz präzise eingearbeitet. Die beiden Flügel sehen aus wie leicht gebogene Briefe oder Postkarten oder wie ein Papierflugzeug. Und wenn man an der richtigen Stelle steht, sieht man durch die Flügel hindurch genau auf die Stelle, an der die beiden Türme des World Trade Centers gestanden haben.«

An ein Papierflugzeug und an einen gefalteten Brief soll das Memorial erinnern. Im Inneren des Denkmals ist jedes der Opfer als Scherenschnitt abgebildet. Dahinter ein kleines Fach, in das die Angehörigen bis heute Botschaften an die Verstorbenen legen.

Für Ray Marquez das schönste und emotionalste Mahnmal für die Opfer der Katastrophe: das Staten Island September 11 Memorial an der Esplanade, bekannt als ›Postcards‹.

Das Saint George Theatre hat Broadway-Format: Paul Anka und Tony Bennett haben hier gesungen.

5. STATEN ISLAND BOROUGH HALL UND SAINT GEORGE THEATRE

»Jeder Stadtteil hat sein eigenes Rathaus. Das von Staten Island ist nicht besonders groß, aber ziemlich schön. Man kann jederzeit hinein.« Das Gebäude gehört zum Ortsteil Saint George, nach dem auch das nahegelegene Theater benannt ist.

»Für mich ist nur die Radio City Music Hall vergleichbar mit dem Interieur dieses Theaters«, schwärmt Ray. Als wir den Saal betreten, findet gerade eine Theaterprobe statt. »Hier haben schon Paul Anka und Tony Bennett gesungen. Man wollte das alles abreißen vor ein paar Jahren. Aber die Bürger von Staten Island haben das Gott sei Dank verhindert und heute können wir hier wieder Musik- und Theateraufführungen besuchen, ohne dass wir zum Broadway hinübermüssen.«

Das Wappen von New York in der Staten Island Borough Hall. Ray weist uns auf die beiden Biber hin: »Als die Stadt gegründet wurde, gehörten Biberpelze zu den wichtigsten Handelswaren. Die haben die Holländer den Indianern abgekauft und nach Europa geschickt.«

6. ALICE AUSTEN HOUSE

Von Saint George fahren wir mit dem Bus zum Alice Austen House am Hylan Boulevard. »Gäbe es nicht den superlangen Broadway, wäre der Hylan Boulevard mit mehr als 14 Meilen (etwa 22,5 Kilometern) die längste Straße von New York. Ganz am Anfang, direkt am Wasser, liegt das Haus der Fotografin Alice Austen. Das ist wunderschön restauriert, und man kann die Innenräume und den tollen Garten besichtigen.«

Alice Austen war Tochter einer wohlhabenden viktorianischen Familie, die durch die Wirtschaftskrise 1929 ihr gesamtes Vermögen verlor. Der Abstieg aus dem Geldadel und ihr Neustart in einem Pflegeberuf schärften ihren dokumentarischen Blick für den Alltag der Menschen. Berühmt wurde sie dann als eine der ersten weiblichen Fotografinnen in den USA.

Ihr Werk und ihr Wohnhaus können in Staten Island besichtigt werden. Ray führt seine Gäste sehr gerne hierher: »Man kann viel aus den Bildern und aus dem Leben von Alice Austen lernen. Und vom wunderbaren Garten aus, direkt am Ufer gelegen, hat man einen atemberaubenden Blick auf die mächtige Verrazano Narrows Bridge.«

Vom Haus der Fotografin Alice Austen hat man einen großartigen Blick auf die Verrazano Narrows Bridge, die die Hafeneinfahrt nach New York überspannt und an den italienischen Gründer der Stadt erinnert.

Carol Stiles kümmert sich um das Andenken der Fotografin Alice Austen und um deren Haus. »Alice liebte vor allem den Blick auf das Wasser und die Ruhe dieses Hauses.«

7. VERRAZANO NARROWS BRIDGE

Die Verrazano Narrows Bridge wurde 1964 gebaut. »Damals war das die längste Hängebrücke der Welt. Heute gibt es ein paar, die noch länger sind. Dabei ist diese schon fast eine Meile lang. In dem Film *Saturday Night Fever* ist John Travolta immer zu seinem Club drüben in Bay Ridge in Brooklyn über diese Brücke gedonnert.«

Die Verrazano Narrows Bridge wurde nach dem italienischen Seefahrer Giovanni da Verrazano benannt, der im Jahre 1525 als erster Europäer das heutige Hafenbecken von New York per Schiff erreichte.

Big Apple Greeter
New York City

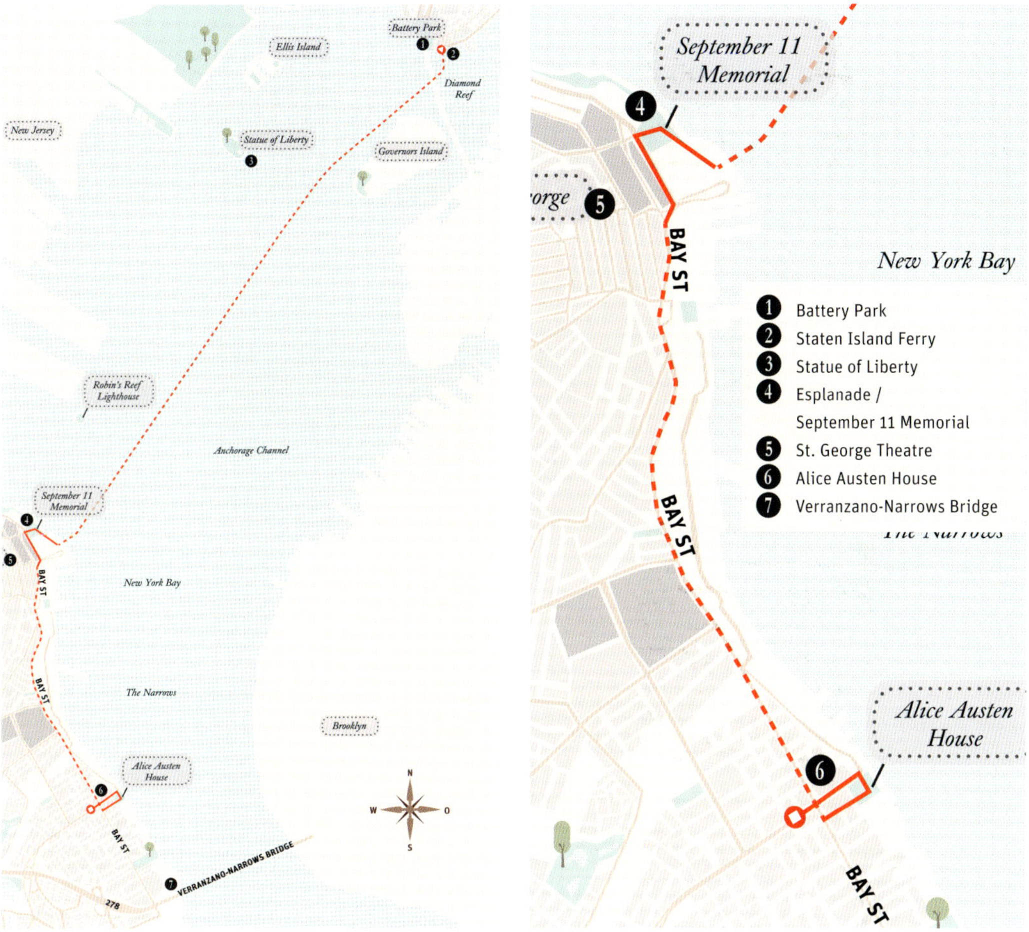

Die Tour mit Ray.

RAY MARQUEZ

- kam mit seinen Eltern im Alter von einem Jahr aus Puerto Rico nach Brooklyn
- lebt seitdem in New York City und seit über 20 Jahren mit seiner Frau auf Staten Island
- seine mittlerweile erwachsenen Kinder sind aus dem Haus
- hat zunächst jahrelang als Lehrer gearbeitet, danach 28 Jahre für die New York Housing Authority, eine Behörde, die sich um die städtischen Sozialwohnungen kümmert

»ICH MACHE EINE WETTE: 80 PROZENT ALLER EINWOHNER VON NEW YORK CITY WAREN NOCH NIE IN STATEN ISLAND.«

WAS MAGST DU PERSÖNLICH AN STATEN ISLAND AM LIEBSTEN?

Ich liebe vor allem die Ruhe von Staten Island. Fernab der hektischen Großstadt zu leben und trotzdem ein Teil von New York City zu sein, das ist faszinierend. Wir sind nur einen Steinwurf von Manhattan entfernt, können rund um die Uhr auf die Fähre steigen und sind in einer halben Stunde mitten im Trubel. Abends geht es dann heim in die Ruhe hier. Himmlisch.

WAS WOLLEN DEINE GÄSTE SEHEN, WAS INTERESSIERT SIE AM MEISTEN?

Die meisten sind ganz klassisch orientiert und wollen die typischen touristischen Attraktionen besichtigen. Manche suchen aber bewusst etwas anderes, interessieren sich für eine spezielle Gegend und wollen wissen, wie die Menschen dort Tag für Tag leben. Wenn ich Gäste nach Staten Island bringe, dann fragen sie am Anfang immer nach der Staten Island Ferry. Die Fahrt ist für viele die Hauptattraktion … vor dem Besuch. Aber ganz im Ernst: Ich finde ebenfalls, dass das eine der schönsten Überfahrten ist, die man überhaupt hier machen kann. Nein, die schönste. Und sie ist kostenlos. Verrückt, eigentlich.

WO IST DEIN PERSÖNLICHER LIEBLINGSORT IN NEW YORK CITY?

Du meinst in der gesamten Stadt? Dann entscheide ich mich für die Silver Lake Area, hier in Staten Island. Zugegeben, das ist die Gegend, in der ich selber lebe. Aber was soll ich sagen, das ist meine ehrliche Antwort.

WAS FASZINIERT DICH PERSÖNLICH DARAN, WILDFREMDEN MENSCHEN ZU BEGEGNEN?

Die Leute, die ich treffe, haben immer wunderbare Dinge zu erzählen. Über ihr Leben, ihr Land, ihre Familie. Aber auch, wie sie die Vereinigten Staaten sehen oder wie sie New York City empfinden, finde ich sehr spannend. Ich liebe den interkulturellen Austausch, das Neue, das jeder Mensch mitbringt.

ERINNERST DU DICH AN EIN BESONDERS LUSTIGES ERLEBNIS MIT EINEM DEINER GÄSTE?

Ja, ich hatte einmal einen Gast in einem Rollstuhl. Wie immer habe ich mich auf das Treffen vorbereitet und überprüft, an welchen Stationen man gut aussteigen kann, wo es Aufzüge gibt. Allerdings nicht bei der City Hall, beim Rathaus in Manhattan. Schließlich sitzt da ja der Bürgermeister, der sich um alle diese Fragen kümmert … auf jeden Fall konnte ich dort keinen Aufzug finden und habe mich an den Herrn in dem Kartenhäuschen gewandt. »Da bleibt nur eines«, hat der mir gesagt, »Sie müssen die Feuerwehr rufen!« Und genau das haben wir dann gemacht. Zwei herbeigerufene Feuerwehrleute haben den Herrn dann zu zweit die Treppen hochgetragen, und wir alle haben sehr viel gelacht.

WIE HAT 9/11 DEIN LEBEN VERÄNDERT?

Der Tag hat das Leben dieser Stadt verändert, das Leben dieses Landes, und ich glaube, auch das Leben der ganzen Welt. Ich selber habe am Tag des Anschlages direkt gegenüber vom World Trade Center im Federal Post Office gearbeitet, das auch in Mitleidenschaft gezogen wurde. Der einzige Grund, dass wir heute hier miteinander sprechen können, ist der, dass wir alle damals Hals über Kopf das Gebäude verlassen haben. Weil wir rechtzeitig rausgerannt sind, habe ich unbeschadet überlebt. Ich habe aber viele Menschen verloren, die mir etwas bedeutet haben.

WAS MOTIVIERT DICH WEITERZUMACHEN, GREETER ZU BLEIBEN?

Zunächst möchte ich mich bei meiner Stadt bedanken und ihr zurückgeben, was sie mir täglich schenkt. Ich habe ja direkt für die Stadt gearbeitet und liebe diesen Ort, seit ich als kleiner Junge hierhergekommen bin. Viele unserer Gäste denken ja, dass alle New Yorker arrogant seien und sich nur für sich selbst interessieren. Natürlich gibt es auch solche Menschen hier … so wie überall, aber die meisten sind ganz anders. Seit ich Greeter bin, hatte ich viele tolle Begegnungen mit Menschen, mit denen ich heute noch korrespondiere … E-Mails oder Postkarten. Einige kann ich heute als Freunde bezeichnen. Das ist doch ein schöner Grund, weiter unterwegs zu sein, oder?

Staten Island kennen die meisten nur von der berühmten Fährverbindung durch das New Yorker Hafenbecken.
»Hier können sich Gäste hervorragend vom Trubel von Manhattan erholen«, findet Ray Marquez.

3

MANHATTAN WEST VILLAGE

MIT MARY ALICE KELLOGG

TJ MK

WILLKOMMEN IM WEST VILLAGE:

IM HERZEN EIN DORF: DAS VILLAGE WAR UND IST HEIMAT VIELER INTELLEKTUELLER UND BESTEN ESSENS

Wenn man eingefleischte New Yorker fragt, welcher Bereich der Mega-Metropole sich am besten zum Leben und Wohnen eignet, antworten die meisten wie aus der Pistole geschossen: »Das Village!« – Immer vorausgesetzt, man kann sich eines der schmucken Stadthäuser leisten, die dem Viertel sein apartes Gesicht und die unvergleichliche Atmosphäre verleihen.

Das West Village, auch Greenwich Village genannt, wird im Norden durch die 14th Street, im Süden durch die Houston Street, im Westen durch den Hudson River und im Osten durch die 5th Avenue begrenzt.

Wir treffen Mary Alice Kellogg in der Nähe des quirligen Sheridan Square: »Das ist das Herz des Village«, schwärmt die Reisejournalistin, die gerne ehrenamtlich Gäste durch ihr Viertel führt. »Am Sheridan Square treffen sieben Straßen aufeinander, es gibt eine U-Bahn-Station und eine Karte, mit der ich meine Gäste perfekt auf das einstimmen kann, was sie im Village erwartet.«

Im West Village sind die Häuser zumeist nicht höher als vier Stockwerke und haben vor dem Eingang wunderschöne Außentreppen, die man aus vielen Filmen kennt, die hier gedreht wurden. Die meisten Straßen sind schmal und als Alleen angelegt, so dass die malerische, kleinstädtische Atmosphäre den Besucher gleich anheimelt. »Viele Schauspieler wie Jennifer Aniston, Julianne Moore, Liv Tyler, Kathleen Turner oder Sarah Jessica Parker leben hier. Und viele andere Künstler. Designer, Regisseure, Sänger und Autoren haben sich das Village als Heimat ausgesucht. Wenn man sich hier umschaut, wundert einen das nicht.« Mary Alice Kellogg strahlt begeistert, wenn sie ihre Gäste durch das Viertel führt, das seit dem Ende ihres Studiums auch ihr Zuhause ist.

Die hübschen Straßen werden gesäumt von zahlreichen Cafés und Restaurants, die nicht selten zu den beliebtesten Adressen der Stadt gehören. »Der Bereich westlich der 7th Avenue ist noch etwas pittoresker als die lebendigere Ecke östlich dieser großen Achse«, weiß Mary Alice. »Essen kann man überall bestens: im Spotted Pig, im Little Owl oder in jedem der vielen Restaurants in der Cornelia Street. Das Village ist der perfekte Ort für den Nationalsport der New Yorker: Abends schick essen gehen!«

Die einzigartige Atmosphäre des Village nimmt Besucher schnell gefangen. Mary Alice ist auch nach Jahren noch euphorisch: »Es sind natürlich die Gebäude und Straßen mit den zahlreichen Bäumen und dem vielen Grün und die Speiselokale und Cafés, die das Village so besonders machen. Ja. Aber vor allem anderen ist es der Mix an Menschen, die hier leben, die das Village prägen! Sie bringen eine unglaubliche Energie an diesen wunderschönen Ort.«

W 4 ST
W 12 ST
ONE WAY
ONE WAY

1. RUND UM DEN SHERIDAN SQUARE: JAZZ-CLUBS

»Das Village ist ein Mekka für Jazz-Freunde. Hier in der Nähe des Sheridan Square gibt es das Smalls mit seinem winzigen Eingang, W 10th Street, gleich um die Ecke das Village Vanguard und mit der Arthur's Tavern auf der Grove Street, in einen der ältesten Clubs der Stadt.« Mary Alice ist überzeugt, dass zu einem Besuch in New York auch der Besuch in einem Club gehört. Zum Beispiel im Blue Note in der 3rd Street, Ecke 6th Avenue, der weltweit wohl der berühmteste Jazz-Club in New York ist. Alle bedeutenden Jazz-Größen wie Miles Davis, Charlie Parker oder Dizzy Gillespie haben hier gespielt. Und auch heute noch zieht der Club die Größen der Szene an, zum Beispiel beim Blue Note Jazz Festival (jedes Jahr im Juni).

Nomen est omen: Das Smalls hat seinen Namen vom extrem schmalen Eingang. Dahinter gibt es seit Jahrzehnten besten Jazz.

GROVE ST
BEDFORD ST
WAY
ONE WAY

2. WEST 4TH STREET: CAFÉS UND ATMOSPHÄRE

Der schönste Teil der West 4th Street beginnt am Sheridan Square und geht bis zur 8th Avenue. Mary Alice liebt alle Cafés und Restaurants, die dieser malerischen Straße vielfältige kulinarische Noten verleihen.

Der Blick nach oben lohnt genauso: »Die braunen Straßenschilder weisen die meisten Straßen hier als historischen Distrikt aus – sonst sind die ja grün in New York. Hier dürfen die herrlichen Fassaden nur unverändert renoviert werden!«

Mary Alice zeigt uns zunächst die Karte des Village, die auf einer Hauswand in der Christopher Street nahe dem Sheridan Square aufgemalt ist. Von dort starten wir in Richtung Norden auf der West 4th Street und überqueren zunächst die Charles und dann die Perry Street. Mary Alice macht uns darauf aufmerksam, dass das Sonnenlicht wunderschöne Schatten der Baumkronen auf Wände und Straßen wirft. »All diese kleinen Cafés und Restaurants auf der West 4th Street sind es wert, mal auf die Karte zu schauen. Die hängt immer vor der Tür, übrigens bei allen Restaurants in New York, damit man schon von außen sieht, ob man das Essen mag … und die Preise.«

Besonders liebt Mary Alice das Café Cluny, kurz bevor die West 4th auf die 8th Avenue trifft. »Das Spotted Pig, gleich hier in der Nähe, in der West 11th, ist auch einer der Favoriten der New Yorker. Alle sagen, dass es dort den besten Schokoladenkuchen der Stadt gibt.«

Die West 4th Street zieht sich als Achse durch das West Village. Vor allem zwischen 7th und 8th Avenue ist die Straße wunderschön und bietet zahlreiche kleine, aber erstklassige Cafés und Restaurants.

5. DIE CHRISTOPHER STREET: McNULTY'S, TATTOOS UND NACKTE HAUT

Die Christopher Street ist durch die Christopher Street Days weltweit bekannt geworden. Hier hat in den 1970er Jahren die schwule und lesbische Befreiungsbewegung ihren Anfang genommen. Ein Highlight: McNulty's Tee- und Kaffeespezialitäten in der Christopher Street 109.

Vielen Läden im Viertel ist nach wie vor die sehr liberale Gesinnung anzumerken. Die Pride Parade im Juni endet immer hier im Village und ist mittlerweile ein gesellschaftlich breit akzeptiertes Ereignis, währenddessen die in Regenbogenfarben gestreifte Fahne das gesamte Viertel schmückt.

Ein historisches Geschäft ist McNulty's: Mary Alice zeigt uns das reichhaltige Angebot an Tee- und Kaffeespezialitäten aus der ganzen Welt. »Ich kaufe hier schon immer meinen Kaffee und meinen Tee. Besonders lecker sind die mit Schokolade überzogenen Kaffeebohnen … die gibt's sogar ohne Koffein.« Sagt's und spendiert uns eine Portion in der kleinen braunen Papiertüte, die sich ebenfalls seit Generationen nicht verändert hat.

Die berühmte Christopher Street: seit den 1970er Jahren die Hauptstraße der Schwulen- und Lesben-Bewegung.

1895 gegründet und mittlerweile seit Generationen in chinesischer Familienhand: Mc Nulty's Tee- und Kaffeespezialitäten.

BVILDING

Die 6th Avenue bildet hier mit der Greenwich Avenue und der Christopher Street ein Dreieck; egal, in welche Richtung man geht, man findet in nächster Nähe liebevoll gestaltete Boutiquen, kleine Bars, Cafés und Restaurants mit bemerkenswertem Angebot. Während die Bleecker Street und die West 4th Street sehr kleinstädtisch wirken, zeigt sich das Village hier von seiner urbanen Seite.

6. DAS LUCILLE LORTEL UND DAS CHERRY LANE THEATRE

»Wenn abends noch Zeit ist, lohnt ein Besuch in einem dieser beiden Theater: Regelmäßig gibt es hier großartige Inszenierungen, häufig mit bekannten Schauspielern.« Auch die Umgebung der Theater ist sehenswert. Mary Alice lässt uns über das Tor eines kleinen Innenhofes in der Grove Street schauen: »Das ist die sogenannte Pig Alley. Mittlerweile ist das alles sehr schick renoviert. Früher war hier das Areal der berüchtigten Pig Alley Gang. Das Village war nicht immer schick, eine Zeit lang herrschten hier Banden und Gewalt.«

Schauspieler und Regisseure lieben das Village. Da dürfen die Theater nicht fehlen: »Das Lucille Lortel Theatre in der Christopher Street ist eines der Off-Broadway-Theater der Stadt. Das Haus hat eine reiche Geschichte mit großen Aufführungen, Darstellern und Stücken, die hier Weltpremiere gefeiert haben«, sagt Mary Alice, die einen Besuch wärmstens empfiehlt. Ebenfalls bemerkenswert ist das Cherry Lane Theatre, an dem viele berühmte amerikanische Theaterautoren ihre Karriere gestartet haben. Lanford Wilson, Harold Pinter und Sam Shepard haben hier begonnen. Das Theater hat seinen Namen übrigens von den Kirschbaumfeldern, die es hier früher gab.

Das Lucille Lortel Theatre hat mit eingelassenen Sternen, die die Namen von Schauspielern tragen, seinen eigenen kleinen Walk-of-Fame auf dem Bürgersteig der Christopher Street.

Nahe dem Cherry Lane Theater befindet sich dieses schmale Gebäude in der Bedford Street, gegenüber dem Casa Restaurant. Es gilt mit 2,9 Metern als schmalstes Haus im Village. In diesem Gebäude haben schon die berühmte amerikanische Dichterin Edna Saint Vincent Millay und in den 1950er Jahren der Schauspieler Cary Grant gewohnt.

CHERRY LANE THEATRE
CHERRY LANE THEATRE

7. BLEECKER STREET, TEIL II: DIE BESTEN STEAKS, DER BESTE KÄSE, DIE BESTEN GITARREN

Der Teil der Bleecker Street, der zwischen 7th und 6th Avenue liegt, bietet einige Lebensmittelläden und kleine, meist spezialisierte Einzelhändler. Ottomanelli, Matt Umanov Guitars und Murray's Cheese sind allesamt New Yorker Institutionen in ihren Fachgebieten.

Ottomanelli ist eine Metzgerei der alten Schule: Die erfahrenen Herren hinter der Theke bieten seit Jahrzehnten beste Rinder- und Lammsteaks an.

Matt Umanov ist der Gitarren-Lieferant, bei dem die weltbesten Gitarristen ihre Instrumente kaufen und reparieren lassen.

Und bei Murray's Cheese kommt die Reisejournalistin ins Schwärmen: »Bei Murray's kaufen alle guten Chefköche aus den ganzen USA ihren Käse. Aber auch Leute wie du und ich können hier an einem ›Cheese-Tasting‹ teilnehmen oder einfach nur ihren Lieblingskäse einkaufen – ein wirklich einzigartiger Laden!«

Auf die Frage, welcher Rockstar hier Gitarren kauft, antwortet der Verkäufer bei Matt Umanov ganz souverän: »Nenn irgendeinen.« Und in der Tat, alle von uns Genannten waren schon mal hier. Carlos Santana, The Edge, Bob Dylan.

Die besten Rindersteaks, der beste Käse: Die Bleecker Street bietet mit Ottomanelli & Sons und Murray's Cheese mehrere Lebensmittelläden, die auch die Sterneküchen der Stadt beliefern.

prime cut MEATS
NEW YORK WINES
garden dining
LOCAL FISH and SHELLFISH
DUCKS
free range CHICKEN
HOME
RESTAURANT
CHOCOLATE PUDDING
ZAGAT SURVEY
Fall in love with HOME
It's Scary Good!!
garden is open!
B

8. CORNELIA STREET: GROSSES ESSEN, KLEINE LOKALE

Die Cornelia Street, die die West 4th Street und die Bleecker Street zwischen 6th und 7th Avenue verbindet, ist für die New Yorker eine gute Adresse für leckeres Essen. Die kleinen Gaststätten und Cafés servieren seit Jahren hervorragende Gerichte, teilweise in sehr hübschen Gärten, die hinter den Häusern liegen, wie zum Beispiel im mittlerweile leider geschlossenen Home Restaurant. »Hier isst man wie bei Großmutter. Ein wundervoller Ort, den ich sehr liebe«, schwärmt Mary Alice. »Und auch die Pearl Oyster Bar ist mittlerweile legendär. Viele sagen, dass es hier das frischeste und beste Seafood der Stadt gibt.«

Obwohl die Cornelia Street keine 200 Meter lang ist, weiß der New Yorker, dass man hier außergewöhnlich gut speisen kann. »Meeresfrüchte, italienisch, cross-over und alles in sehr gemütlichem, sehr persönlichem Ambiente«, schwärmt Mary Alice.

Big Apple Greeter

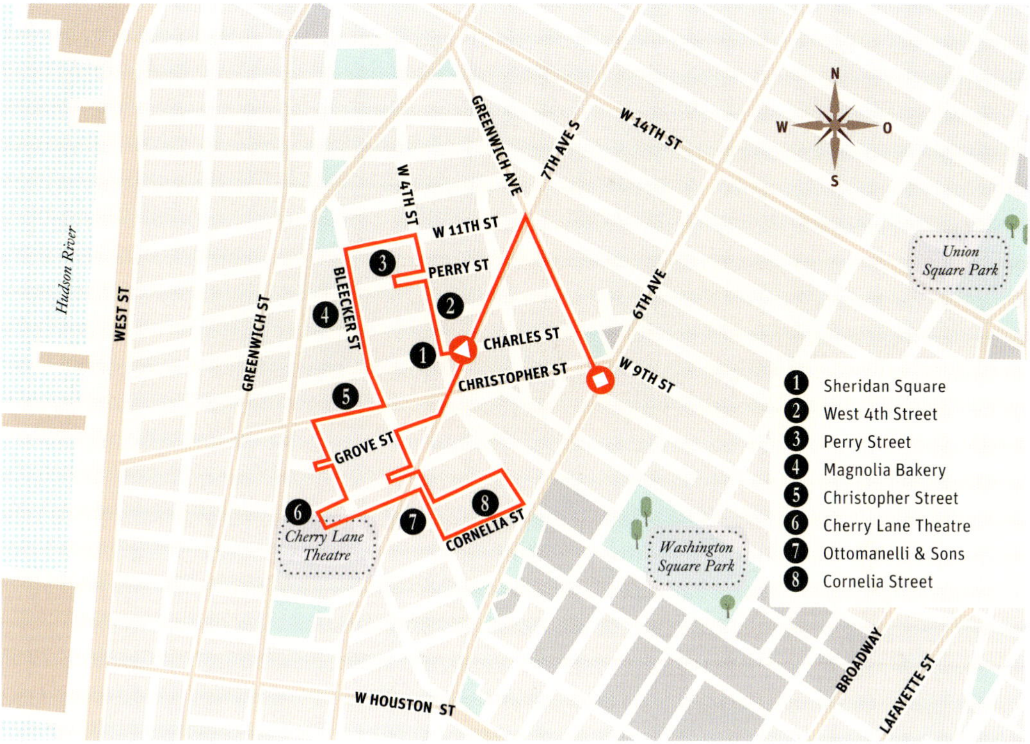

Die Tour mit Mary Alice.

MARY ALICE KELLOGG

- hat ihre Karriere als Nachrichten-Reporterin begonnen
- ist freie Journalistin und Autorin und arbeitet für mehr als 150 Magazine, Zeitungen und Blogs, unter anderem für GQ, die NY Times sowie diverse Reise- und Lifestyle-Magazine
- sagt: »Am meisten liebe ich große Schiffe!«
- hat sich von ihrer großen Leidenschaft – dem Schreiben von Reisereportagen – schon in 124 Länder führen lassen
- ist direkt nach dem Studium 1970 mitten in die »City« gezogen, weil sie als Journalistin und Autorin einfach da sein wollte, »wo alles passiert«

»ICH KANN ÜBERHAUPT NICHT VERSTEHEN, WIE MAN IN NEW YORK AUSSCHLIESSLICH IN KETTENRESTAURANTS ESSEN KANN, WO ES HIER DOCH DIESE VIELEN KLEINEN, FEINEN RESTAURANTS GIBT, DIE EINEN MIT VIEL LIEBE ÜBERRASCHEN UND NICHT NOTWENDIGERWEISE TEURER SIND.«

MARY ALICE, WIE BIST DU DAZU GEKOMMEN, GREETER ZU SEIN?

Das war witzig: Ich habe 2005 zunächst einen Artikel über die Greeter in einer lokalen Zeitung gelesen, dann selbst einen Artikel im Deltas Sky Magazine über die Organisation geschrieben und war daraufhin so begeistert, dass ich selbst Greeter sein wollte.

WEN WÜRDEST DU GERNE MAL ALS GAST BEGRÜSSEN?

Du meinst, wen außer George Clooney? – lacht – Ich liebe es, wenn ich Gäste aus Frankreich durch das Village führen kann. Erstens bleibt so mein Französisch frisch, und zweitens fühlen Franzosen sich hier besonders wohl, weil das Village dieses französische Flair hat. »Beinahe wie in Paris«, sagen die meisten. »Besser noch: New York«, antworte ich dann lächelnd.

WELCHES DEINER ERLEBNISSE ALS GREETER WAR BESONDERS AMÜSANT?

Einmal hatte ich den Tourismus-Minister aus Kirgistan und seine Frau als Gäste. Und natürlich ihren Übersetzer. Es war der erste Tag ihres ersten Besuchs in den USA. Ich habe die beiden zu Mc Nulty's in der Christopher Street geführt, berühmt für die Tee- und Kaffeespezialitäten. Als der Minister feststellte, dass man dort genau den kirgisischen Tee kaufen kann, den er jeden Morgen zum Frühstück trinkt, war er schon begeistert. Der Tag wurde dann wunderbar!

HAT DER 11. SEPTEMBER FÜR DICH NEW YORK CITY VERÄNDERT?

Ich habe an diesem Tag zehn Menschen verloren, keine engen Freunde, aber gute Bekannte. Und das World Trade Center selbst, das ich von meinem Wohnzimmerfenster aus sehen konnte, ist jetzt einfach nicht mehr da. Ich war eine von denen, die sich wochenlang auf die Straße gestellt haben mit Tafeln, mit denen wir »Danke!« gesagt haben für die unglaubliche Anteilnahme und Hilfe. Seit damals wissen wir es in New York noch mehr zu schätzen, wenn Menschen sich unterstützen und helfen und einfach füreinander da sind. Der 11. September hat uns das Gefühl der Sicherheit genommen, dafür aber mehr Nachdenklichkeit, Rücksicht und Dankbarkeit geschenkt.

HAT DAS VILLAGE IN BESONDERER WEISE AUF DIE EREIGNISSE REAGIERT?

Ja, es gab zwei sehr besondere Orte. Zum einen die Wand des St.-Vincent-Krankenhauses. Hier haben die Leute Poster mit Bildern ihrer Freunde an die Wand geheftet, um auszudrücken, wie sehr sie sie vermissen. Die kann man heute im Museum am Ground Zero sehen. Und es gibt zum anderen die Kacheln. Seit 2001 befestigen Menschen Keramiktafeln mit kleinen Botschaften der Ermutigung und Erinnerung am Zaun an der 7th Avenue, Höhe 11th Street. Ein kleines Töpfer-Studio hier aus der Nachbarschaft hat damit angefangen.

BIETET DAS VILLAGE NEBEN VIEL TRUBEL AUCH RUHIGE PLÄTZE?

Das Village ist ja gar nicht so turbulent. Super erholsam ist der Uferpark am Hudson River, einfach wunderbar. Ruhe, gute Luft, tolle Ausblicke. Aber auch in den kleinen Parks hier findet man Ruhe. Ein Beispiel ist der Jefferson Market Garden, hinter der Jefferson Market Public Library in der 6th Avenue. Da gibt es kleine Wege, wunderschöne Pflanzen und einen Teich mit japanischen Koi-Fischen. Auch der Abingdon Square neben der Hudson Street ist durch den hohen Heckenbewuchs sehr ruhig und toll zum Entspannen.

Mit diesen Gedenkkacheln haben die Menschen im Village ihren eigenen Ausdruck gefunden, an den 11. September zu erinnern. Das Gedenken an den Angriff auf die Türme des World Trade Centers ist an vielen Stellen der Stadt noch heute lebendig.

4

THE BRONX
YANKEE STADIUM

MIT CHARLES SCHWARTZ

TJ DR MK

WILLKOMMEN IN DER BRONX:

DIE WELTWEIT BELIEBTESTE MÜTZE IST HIER ZU HAUSE: DIE BRONX, HEIMAT DER NEW YORK YANKEES

Charles Schwartz ist im allerbesten Wortsinn ein Freak. Als wir ihn unter der Uhr am Grand Central Terminal treffen, hat er eine dicke Mappe mit Unterlagen unter dem Arm, die signalisiert: Der Mann ist perfekt vorbereitet. Und in der Tat: kaum ein Thema, zu dem Charles nicht einen passenden Zeitungsartikel oder eine Kopie aus einem Fachbuch hervorkramt, um sein Wissen zu untermauern. Ein sympathischer Akademiker durch und durch. »Ich reise nicht gerne, also lasse ich mich von Leuten aus aller Welt besuchen und erfahre so, was auf der Welt passiert.« Wir sind schon nach wenigen Minuten tief im Gespräch über Deutschland, New York, Europa und die USA, die Bronx und Stuttgart. Wir staunen, was dieser Mann alles weiß.

»Die Bronx ist übrigens der einzige Stadtteil von New York, der auf dem amerikanischen Festland liegt.« Charles zeigt uns ein Foto, das den wunderbaren Ausblick vom Fenster seines Apartments zeigt. Vom nördlichsten Rand der Bronx schaut man in Richtung Süden über den Central Park auf die Stadt. »Im Süden die Inseln von New York, und im Garten hinter unserer Wohnung liegt Yonkers, immerhin die viertgrößte Stadt im Bundesstaat New York.«

Die rappelnde U-Bahn-Linie mit der grünen Nummer 4 nähert sich unserem Ziel in der 161st Street. »Die Bronx hat einen viel schlechteren Ruf, als es den Tatsachen entspricht. Vor allem die internationalen Gäste befürchten, dass ich sie in den Vorhof der Hölle führe. Für sie steht der Name Bronx für Drogen, Gewalt und Arbeitslosigkeit. Dabei war die Bronx zwischen 1930 und 1950 noch eine gehobene Wohngegend, in der viele Ärzte, Anwälte und andere Akademiker gelebt haben. Die Grand Concourse, die Prachtstraße der Bronx, ist zum Beispiel den Pariser Champs-Élysées nachempfunden worden.«

Das Auf und Ab von Wohngegenden lässt sich geradezu archetypisch im nördlichsten Stadtteil New Yorks ablesen. »In den 60ern haben die sozialen Unruhen dazu geführt, dass der gehobene Mittelstand von hier in ruhigere Vororte weggezogen ist. Leerstand führte dann zum Preisverfall und dazu, dass Menschen mit weniger Geld zugezogen sind. So ging die Spirale los. Mieten wurden nicht gezahlt, die Häuser verkamen, und es gab sogar einige Fälle von Brandstiftung. Durch Hausbesitzer, die sich so zumindest einen Teil ihrer Investitionen von der Versicherung zurückholen wollten.«

Auf unserer Runde zeigt sich heute bereits wieder ein anderes Bild. Wer als Besucher hierherkommt, will meist entweder die Yankees oder ein riesiges Stadionkonzert sehen. Das neue Yankee Stadium liegt an diesem Tag im Spielfrei-Modus da wie ein schlafender Riese. Nur wenige Menschen sind auf den Straßen unterwegs, man merkt beim Blick in die Gesichter, auf Plakate und Beschriftungen, dass dieser Teil der Bronx fest in der Hand der Latinos ist. »Die meisten Bewohner dieser Ecke kommen aus der Dominikanischen Republik und aus Puerto Rico. Spanische Werbetexte führen hier einfach zu mehr Erfolg als englische.«

Zugegeben: Touristisch ist das heute kein Highlight-Tag, aber der Einblick in die DNA der Stadt mit dem belesenen, hellwachen Greeter ist eine ganz besondere Freude. Wer über Vorurteile und Image,

Der Tag nach dem Schnee: Der Blick vom Grand Concourse auf die U-Bahn-Linie 4 zeigt die großen Wohnblocks, die das Stadtbild der Bronx dominieren.

über Träume und Realität, über sozialen Auf- und Abstieg nachdenken möchte, wer Interesse am ›anderen‹ New York hat, der ist hier goldrichtig. Wären wir hier alleine hergekommen, hätten wir vieles nicht verstanden, hätten die Gegend nicht ›lesen‹ können. Charles Schwartz hat sie uns geöffnet wie ein Professor seinen gelehrigen Schülern. »Ihr wart heute meine Gäste in der Bronx, und ich habe einen Ausflug nach Deutschland unternommen. Wie schön«, schließt er am Ende unserer Runde, bevor wir uns an der U-Bahn-Station voneinander verabschieden.

A fresh wrap
to your day
28
27
NO SMOKING

1. DIE U-BAHN-FAHRT MIT DER LINIE 4

Die Uhr im Grand Central Terminal ist ein beliebter Treffpunkt der Big Apple Greeter, wenn die Gäste in einem Hotel in Manhattan wohnen und die Tour in einen der anderen Stadtteile führt. Und so treffen wir auch Charles genau hier, begrüßen uns kurz und marschieren los zum Abfahrtgleis der Linie 4, dem Lexington Avenue Express, der die New Los Avenue am östlichsten Zipfel Brooklyns mit der Station Woodlawn/Jerome Avenue im Norden der Bronx verbindet. »Wenn man hier, mitten in Manhattan in die U-Bahn steigt, macht man sich oft nicht bewusst, welche verschiedenen Welten die Linie miteinander verbindet.«

»Es lohnt sich, einfach mal durchzufahren, vor allem weil die Bahn außerhalb Manhattans weite Teile überirdisch fährt und man viel zu sehen bekommt«, empfiehlt Charles, der begeisterter Nutzer dieses hocheffektiven Verkehrsmittels ist. »Als die Lexington-Linie 1911 ausgehoben wurde, hat der New Yorker Pragmatismus auf wunderbare Weise zugeschlagen: Mit dem Abraum aus dem U-Bahn-Schacht hat man den Südteil von Governors Island im Hafenbecken aufgeschüttet. So war der Müll weg und die Insel doppelt so groß. Das nenne ich Recycling!«

Während die Fahrt weiter in Richtung Norden geht, steigen mehr und mehr weiße Geschäftsleute aus und mehr und mehr Latinos und Afroamerikaner ein. »Wenn nicht gerade die Yankees spielen, ist das immer so. Aber schaut mal in die Gesichter. Fühlt ihr euch bedroht?« Charles lacht. »Angst entsteht im Kopf und ist häufig irrational. Ich lebe schon so lange hier, und ich fühle mich sehr sicher in der Bronx. Aber macht euch gerne euer eigenes Bild – deshalb sind wir ja hier.«

Mit Charles am Grand Central Terminal unterwegs zum Zug, der uns in die Bronx bringt. Die zumeist oberirdische Zugfahrt gewährt Blicke auf Ecken der Stadt, die Touristen kaum zu Gesicht bekommen. »Für die meisten Gäste ist oberhalb des Central Parks Schluss mit New York«, weiß Charles.

2. YANKEE STADIUM

Wir steigen aus, und es wirkt, als wären wir in einem zu großen Anzug unterwegs. Der Weg zum Yankee Stadium wird an Spieltagen von Zigtausenden genutzt, heute sind wir die einzigen Fußgänger, die auf den breiten Wegen aus der U-Bahn-Station fast verloren unterwegs sind. »Die Station hier ist funkelnagelneu. Früher war das spannender. Das alte Yankee Stadium lag so, dass sowohl die vorbeifahrenden Zuggäste, vor allem aber die Leute am Bahnsteig, einen perfekten Blick auf das Spielfeld der Yankees hatten. Dann hat man denen in den 70ern eine riesige Anzeigetafel vor die Nase gesetzt, um dieses kostenlose Vergnügen zu unterbinden.«

Der Kommerz – bei diesem Thema zieht Charles kurz die Augenbrauen hoch. »Sport hat in den USA immer mit Geld zu tun. Das neue Stadion wurde auf Betreiben des Fernsehsenders von Ted Turner gebaut. Die wollten VIP-Logen vermarkten und mehr Komfort anbieten. Es ist schon grotesk, dass das neue Stadion auf einer deutlich größeren Grundfläche weniger Besuchern Platz bietet. Zudem hat man für das Stadion einen Park mit Sportflächen für Jugendliche plattgemacht. VIP-Logen statt Breitensport, das kommt natürlich nicht gut an in der Bronx. Also wurden jetzt wieder neue Sportflächen für die Kids eingerichtet.«

Wir gehen zunächst an der Fläche vorbei, auf der das alte Stadion stand, und bewundern die beeindruckende, große Baseball-Arena, in der Sportler wie der legendäre Babe Ruth, Joe di Maggio oder Derek Jeter in Grau-Blau ihre Heimspiele austrugen. Als Charles versucht, uns Einblick auf das diamantförmige Spielfeld zu ermöglichen, werden wir von den Sicherheitskräften mit dem Kommentar abgewiesen, »man könne ja auch nicht ohne vorherige Anmeldung den Papst besuchen«. Unser Hinweis, dass zumindest der Petersdom frei zugänglich sei, ändert auch nichts daran, dass wir das Wohnzimmer der Yankees nur von außen sehen dürfen.

Hier spielen die New York Yankees. Der Name des berühmtesten Baseball-Teams der Welt leitet sich vom Spitznamen der Nordstaatler während des Sezessionskriegs ab. Als der Süden den Namen mehr und mehr als Schimpfwort für seine Gegner gebrauchte, reagierten diese darauf, indem sie den Yankee-Doodle zu ihrer Nationalhymne machten.

Das Andrew Freeman Home an der Kreuzung Grand Concourse und 165th Street ist von einer großen Mauer umgeben. Immer wieder neu verzieren Graffiti-Künstler die Wand mit ihren Motiven. Hier sind unter anderem Edgar Allan Poe und sein kleines weißes Cottage zu sehen, das ein paar hundert Meter weiter zu finden ist.

An die Champs-Élysées sollte der Grand Concourse erinnern und der Bronx eine glanzvolle Zukunft sichern; die Pläne der Stadtväter sind nicht aufgegangen. »Dennoch hat die Bronx die wildeste Phase überstanden«, lädt Charles ein, den Stadtteil mit der bewegten sozialen Geschichte mit ihm zu erforschen.

3. GRAND CONCOURSE

Wir laufen daher um das Stadion der Yankees herum und landen auf dem Prachtboulevard der Bronx, dem Grand Concourse. »Zumindest sollte er genau das sein. Die vielen Art-déco-Gebäude erzählen bis heute von den ehrgeizigen Ideen der Stadtplaner«, merkt Charles ein bisschen wehmütig an. Ich frage ihn, ob das nicht die Straße sei, auf der die Hauptszene des Bestsellers *Fegefeuer der Eitelkeiten* von Tom Wolfe spiele. »Da hat jemand aber seine Hausaufgaben gemacht«, freut sich Charles. »Das Buch spielt in den 80ern. Damals war es in der Tat noch riskant für einen weißen Börsenmakler mit dickem Straßenkreuzer, hier eine Autopanne zu haben. Der Film mit Tom Hanks, Bruce Willis und Melanie Griffith wurde hier an den Originalschauplätzen gedreht.«

Charles deutet in beide Richtungen der breiten Straße, die durch ihre Baumbepflanzung wie eine Allee wirkt. »Der Boulevard ist sechs Kilometer lang und verbindet als Hauptachse Manhattan mit der Nordbronx. Als der Franzose Louis Aloys Risse die Straße 1909 plante und den Bau begann, sollte das der ›Highway ins Grüne‹ der Nordbronx werden, die Champs-Élysées der Bronx.« Allerdings ist dieser Plan nicht aufgegangen. »Der Regisseur Martin Scorsese und Lauren Bacall sind hier aufgewachsen, die *Batman*-Autoren Bob Kane und Bill Finger stammen von hier, aber heute werden hier in der Regel nicht die großen Heldengeschichten, sondern kleine Stories geschrieben.«

An der Stelle, wo die 166th Street den Concourse kreuzt, macht uns Charles auf eine großflächig bemalte Mauer aufmerksam, auf der berühmte Persönlichkeiten und Szenen aus der Bronx abgebildet sind. »Das Kunstwerk ist allerdings schon mehrfach mit Graffiti übersprüht worden. Edgar Allan Poe ist zum Beispiel zu sehen. Der hat von 1820 bis 1840 in der Nähe gelebt. Sein kleines weißes Cottage liegt an der Ecke Grand Concourse und Kingsbridge Road. Es wurde gerade renoviert und kann besichtigt werden.«

Auch das Haus hinter der Mauer und den riesigen Bäumen, das Andrew Freedman Home, ist sehenswert: Im Stil eines Renaissance-Palastes hatte der Selfmade-Millionär Freedman das Gebäude mit dem großzügigen Park ursprünglich als Altenheim für ärmere Menschen geplant. Heute wird das Gebäude von einer Künstlerinitiative als Event- und Kreativ-Werkstatt genutzt.

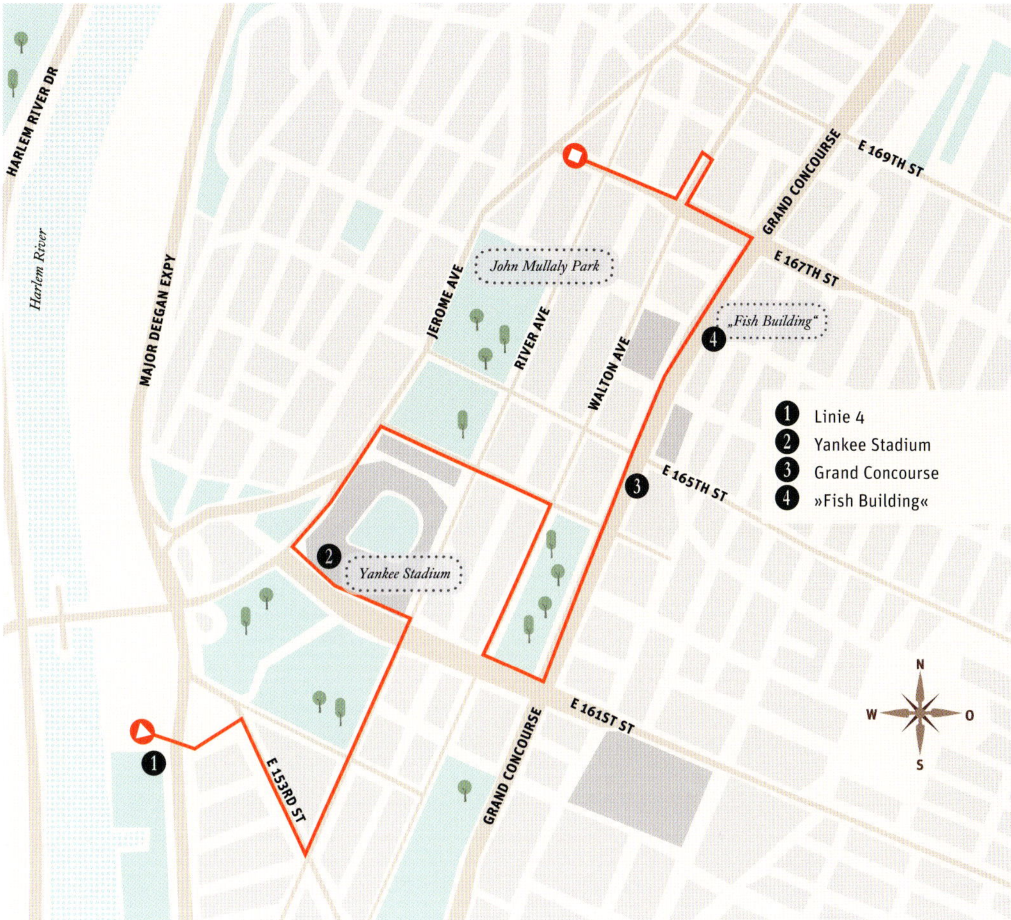

Die Tour mit Charles.

CHARLES SCHWARTZ

- hat sein gesamtes Leben in New York gelebt, die meiste Zeit in der Bronx, kurze Zeit auch in Brooklyn
- hat Pädagogik und Geografie studiert
- liebt es, zu Fuß unterwegs zu sein und neue Dinge zu entdecken
- reist allerdings sehr ungern, so dass er sich von seinen Gästen besuchen lässt, um Neues über andere Gegenden zu erfahren
- ist Greeter seit 2006, hat seinen Studenten aber bereits seit 1992 empfohlen, Big Apple Greeter zu werden

»DAS LEBEN IN DER BRONX IST AN EINIGEN STELLEN GEPRÄGT VON DEN PERMANENTEN UNTERBRECHUNGEN DURCH ZUGLÄRM. DU REDEST, WARTEST KURZ UND REDEST DANN WEITER. VIELE LEUTE IN DER BRONX HABEN EINEN VÖLLIG EIGENEN SPRACHRHYTHMUS. STARTEN, WARTEN, STARTEN.«

BIST DU VON NATUR AUS EIN HILFSBEREITER MENSCH?

Oh ja. Beruflich habe ich ein Leben lang Studenten unterstützt und ihnen geholfen. Sehr häufig spreche ich Menschen an, die offensichtlich ratlos an einer Kreuzung stehen und auf ihren Stadtplan starren. Erstaunlich ist für mich, dass sich manche Menschen nicht helfen lassen wollen. Einige scheinen sich bedroht zu fühlen, wenn sie von einem Fremden angesprochen werden.

WAS MACHT DIR AM MEISTEN FREUDE DARAN, GREETER ZU SEIN?

Der Nebeneffekt der Big-Apple-Greeter-Idee ist, dass die Welt mich besuchen kommt. Ich muss nicht zum Flughafen, brauche keine Koffer, muss mich nicht in die Schlange an der Passkontrolle einreihen, habe nie Jetlag. So ist mir das viel lieber! Viele Menschen erzählen mir spannende Geschichten aus ihrer Heimat. Was ich aber besonders interessant finde, ist, dass die Leute mir vor allem aus ihrem Leben erzählen. Wenn man miteinander durch eine Straße flaniert, fühlt sich das schnell so an, als ob man mit einem Freund oder einem Verwandten unterwegs wäre. Und so reden wir über sehr viel Privates, Menschliches. Dieser persönliche Austausch ist das Schönste.

FINDEST DU ES WICHTIG, DASS DIE DIENSTE DER BIG APPLE GREETER KOSTENLOS ANGEBOTEN WERDEN?

Sehr wichtig. Man sagt ja, dass man sich die besten Dinge im Leben ohnehin mit keinem Geld der Welt kaufen kann. Was soll denn das Vergnügen kosten, eine persönliche Begegnung zu haben, von der beide Seiten profitieren? Ich bin ja kein Stadtführer im herkömmlichen Sinne, ich sehe mich eher als inoffiziellen Botschafter für alle Länder der Welt. Und ich finde es wichtig, der wachsenden Angst und all den Problemen auf der Welt durch mein persönliches Engagement im Kleinen zu begegnen. Sicher kann man als Einzelner nicht die großen Probleme lösen, aber durch das, was wir als Greeter tun, bauen wir Brücken und schaffen auf beiden Seiten Verständnis für kulturelle Unterschiede und andere

Sichtweisen. Schritt für Schritt geht das voran, langsam, aber stetig.

WIE BEGINNT BEI DIR EIN TREFFEN MIT EINEM BESUCHER?

Als Erstes schreibe ich meine Gäste immer per E-Mail an. Es macht die Vorbereitung leichter, wenn ich weiß, wen ich treffen werde. Wir schreiben uns dann meistens ein bisschen hin und her. So gewinnt man schon ein gutes Gefühl füreinander, und wenn man sich dann trifft, hat man das Gefühl, sich bereits zu kennen. Zudem kann ich so Vorlieben und Erwartungen besser einschätzen. Ich sende auch ein Foto, damit die Gäste mich am Grand Central Terminal, wo ich sie meist abhole, nicht mit Robert Redford verwechseln.

HAST DU EINEN LIEBLINGSORT IN NEW YORK?

Die Antwort ist einfach. Der öffentliche Lesesaal in der Public Library. Für mich ist das die Sixtinische Kapelle von New York. Die Deckenfresken, aber auch das kunstvolle Mobiliar sind sehr, sehr schön. Die Tische und die Leselampen illustrieren, wie wissbegierig wir Menschen doch sind. Ich mag diese Atmosphäre sehr.

HAST DU EINE LIEBLINGSBESCHÄFTIGUNG IN DER BRONX UND IN DEN ANDEREN STADTTEILEN?

Wenn ich nicht selber durch die Straßen laufe, engagiere ich mich für eine Organisation mit dem Namen Long Walk Association. Es gibt keine bessere Form, sich Land und Leute zu erschließen, als zu Fuß unterwegs zu sein. Wann immer ich von etwas Neuem, Spannendem höre, plane ich ein, da mal hinzugehen. Wenn möglich, immer zu Fuß. Und da die Stadt, vor allem die Bronx, so viele schöne, spannende Ecken hat, habe ich viel zu entdecken.

MUSSTEST DU MAL EINEN TERMIN ALS GREETER ABSAGEN?

Ehrlich! Noch nie! Wir New Yorker sind harte Burschen und lassen uns von nichts zurückhalten. Einmal musste ich durch einen Schneesturm. Meine Frau hat mir einen Vogel gezeigt: »Kein Hund geht bei dem Wetter auf die Straße!« Ich bin dann los, ein paar Mal ausgerutscht und war ziemlich durchnässt, aber nur fünf Minuten zu spät am Treffpunkt. Meine Gäste sind nicht aufgetaucht. Zu Hause musste ich mir völlig durchgefroren eine »Hab ich's dir nicht gesagt«-Predigt von meiner Frau anhören.

HAST DU MAL ETWAS RICHTIG SKURRILES MIT EINEM GAST ERLEBT?

Angie Fox ist eine Autorin, die mit ihren Phantasy-Romanen immer wieder in der Bestsellerliste der *New York Times* mitmischt. Teenager lieben, was sie über Vampire, Geister und so schreibt. Als sie sich zu einer Runde mit mir angemeldet hatte, habe ich mir ein Dracula-Kostüm geliehen, um sie in Empfang zu nehmen. Ich habe sie damals im Marriott am Times Square getroffen. Als ich endlich an den Sicherheitsleuten vorbei war, hat sie sich erst mal totgelacht und dann sehr gefreut. Weil ich wusste, dass sie skurrile Orte liebt, hatte ich eine Spezialtour mit verwunschenen Orten zusammengestellt. Wir waren im Algonquin Hotel, wo seit den 20er Jahren geheime Treffen von Autoren stattfinden. Dann im McSorley's Old Ale House, wo heute noch die leeren Handschellen von der Verhaftung Houdinis am Tresen hängen. Zum Abschluss ging es in die St.-Marks-Kirche in der Bowery, wo sie den Friedhof sehr mochte.

NO THRU TRAFFIC

5

BROOKLYN

DUMBO & WILLIAMSBURG

MIT JONATHAN GRAF

LB TJ MK

WILLKOMMEN IN DUMBO UND WILLIAMSBURG:

DIE ZWEI COOLSTEN ORTE IN BROOKLYN, UM DIE NEW-YORK-SKYLINE ÜBER DEM EAST RIVER ZU GENIESSEN

»Spannende Kombination: Dumbo und Williamsburg. Was verbindet die beiden Stadtteile, die du uns heute zeigen wirst?« – »Puhh«, lächelt Jonathan, gefolgt von einem »Well …« und einem breiten Grinsen: »… also erstens liegen beide in Brooklyn, zweitens sind beide mit Manhattan durch eine wunderbare Brücke verbunden, die den Namen des Stadtteils trägt, und drittens hat man von beiden Vierteln einen atemberaubenden Blick auf die Manhattan-Skyline. Das ist doch schon mal was, oder?«

Jonathan Graf ist ein außergewöhnlicher Greeter: jung, cool, sehr entertaining und offenkundig niemand, dessen Hauptinteresse den Tiefen der amerikanischen Geschichte gilt. Mit ihm besuchen wir zwei Ecken in Brooklyn, die trotz der räumlichen Nähe doch sehr unterschiedlich sind.

Der Name Dumbo ist als eine der vielen berühmten New Yorker Abkürzungen entstanden und steht für ›Down under Manhattan Bridge Overpass‹, also ›Unter-der-Manhattan-Brücke-Überführung‹. Ein wenig charmanter Begriff. Genau deshalb hat man ihn gewählt, um den vorherigen Namen Olympia abzulösen. »Wenn ich das richtig weiß, wollten die Leute, die diese Ecke neu für sich entdeckt haben, einen möglichst bescheuerten Namen finden, damit die großen Banken und Immobilienunternehmen hier nicht die nächste schicke Siedlung für Wohlhabende wittern. Wer will schon an einem Ort leben, der so heißt wie ein fliegender Elefant?«

Dumbo ist ein kleines Viertel, geprägt durch wenige, kurze historische Straßen, einen schicken Parkstreifen am Ufer des East River und eben die Brücke, die allgegenwärtig immer wieder in den Blick kommt. »Hier wohnen nicht mal 2.000 Menschen«, weiß Jonathan. »Das meiste, was ihr hier seht, sind Büros, Läden, Gastronomie und so.«

Ganz anders Williamsburg: Der etwa drei Meilen nördlicher gelegene Teil von Brooklyn grenzt ebenfalls an den East River, im Süden an Bedford-Stuyvesant, im Osten an Bushwick und im Norden an Greenpoint. Williamsburg ist aber ein Wohnviertel mit mehr als 200.000 Einwohnern. Im Süden ist es ein traditionell jüdisches Viertel mit vielen orthodoxen Juden, die mit ihren schwarzen langen Röcken und den großen Hüten das Straßenbild prägen.

Der nördliche Teil, mit der Bedford Avenue als Hauptachse, ist der Geburtsort des Hipstertums. ›Hipstertown‹, nennt Jonathan das. Wir übersetzen es für ihn ins Deutsche: Hipsterhausen. »Yeah, something like that«, lacht er und wird dann kurz ernst. »Ganz ehrlich: Ich bin gerne hier in Brooklyn, hier gibt es coole Cafés, Restaurants und Clubs. Aber mit der Hipster-Bewegung kann ich bis heute nichts anfangen. Wisst ihr, ein Hipster will immer nur cool sein. Dabei muss jedes Detail stimmen: der Bart, die Schuhe, das Tattoo, das Essen, alles. Aber was hat das denn bitte mit cool zu tun? Wer Schweißflecken kriegt, weil er sich so anstrengt, cool zu sein, ist eines ganz sicher nicht: cool.«

Wir haben großen Spaß daran, mit Jonathan unterwegs zu sein. Die beiden Stadtteile werden zu seiner Bühne, auf der er uns an seinen Philosophien und Sichtweisen teilhaben lässt und uns immer wieder auf die Dinge hinweist, die er besonders schätzt. Und auf andere, die er für eher überflüssig hält.

Vom Holzdeck neben der Brooklyn Bridge hat man einen atemberaubenden Blick
auf die Skyline der Südspitze Manhattans und auf die Brücke.

1. DAS WATCHTOWER-SCHILD IN BROOKLYN HEIGHTS

Wir treffen Jonathan an der Metro-Station in der Clark Street in Brooklyn Heights. »Wir sind hier noch nicht in Dumbo, aber auf dem Weg dahin werden wir noch ein paar interessante Orte sehen, die sollten wir uns nicht entgehen lassen.«

Bevor wir um die erste Ecke in die Columbia Heights einbiegen, sind wir schon ins Gespräch vertieft mit dem jungen Mann mit der schräg sitzenden Baseballkappe. »Kennt ihr den Song *All along the Watchtower* von Bob Dylan?«, fragt er uns. »Das ist einer seiner frühen Hits. Ich habe mich immer gefragt, ob er die Zentrale der Watchtower Society gemeint hat. Da er hier ganz in der Nähe in Brooklyn gelebt hat, bin ich mir ziemlich sicher, dass er das Gebäude hier in der Furman Street besungen hat.

Man kann über die Zeugen Jehovas ja denken, was man will, aber auf ihrem riesigen Schild kann man perfekt die Zeit und die Temperatur ablesen – auch ohne Brille.«

Das Watchtower-Schild markiert die weltweite Zentrale der Zeugen Jehovas, die einen ganzen Häuserblock in Brooklyn einnimmt. Von hier ist es ein Steinwurf bis nach Dumbo.

Unterhalb der mächtigen Brooklyn Bridge erstreckt sich ein großzügiger Park, dessen Rasenflächen heute viele Schulklassen und Jugendgruppen für Sport und Spiel nutzen. Der Spaziergang über die Brücke gehörte zwar nicht zu unserer Runde, aber Jonathan empfiehlt: »Von Brooklyn auf die Skyline zuzulaufen ist auf jeden Fall der schönere Anblick. Ich empfehle, die Brücke auf jeden Fall in diese Richtung zu überqueren.«

2. DIE BROOKLYN BRIDGE UND DER BROOKLYN BRIDGE PARK

Wir sind immer noch nicht ganz in Dumbo. Man kann an der Brooklyn Bridge einfach nicht kommentarlos vorbeigehen. Immerhin ist sie als Nachbarin der Manhattan Bridge ein weltweit bekanntes Motiv, und so führt uns Jonathan vorbei an der Brooklyn Ice Cream Factory auf die holzbedeckte Aussichtsplattform mit unverbautem Blick auf die Südspitze Manhattans. »Wenn ich von hier nach Manhattan schaue, wird mir die Umgebung immer unwichtig. Der Eisladen im alten Feuerwehrbootshaus, das River Café: alles wirklich gute Läden. Aber an diesem Blick kann ich mich nicht sattsehen. Wer den besten Blick auf die Skyline will, muss nach Dumbo kommen!« Als wir uns umdrehen, ergänzt er: »Was ich übrigens sehr schätze, ist die Pizza von Grimaldi's, die machen die im Holzofengrill. Die Pizzeria gibt's schon ewig, gleich da vorne, Ecke Old Fulton und Front Street. Daneben ist Juliana's – die ist auch gut, gehört ebenfalls der Grimaldi-Familie.«

3. JANE'S CAROUSEL AT THE WATERFRONT

Jonathan leitet uns auf der Water Street unter der Brooklyn Bridge durch und biegt scharf nach links ab. Vor uns liegt ein weiterer spektakulärer Blick auf Manhattan, dieses Mal ist Midtown im Fokus.

Noch bevor unsere Blicke die Gegend jenseits des East Rivers erforschen, fällt uns ein Glaswürfel auf, der auf uns eine fast magische Anziehungskraft ausübt. »Das ist Jane's Carousel. In Amerika nennen wir so ein klassisches Karussell Merry-go-round. Das hier finde ich besonders schön.« Für nur zwei Dollar kann man seine Runden auf dem Rücken eines der 48 Pferde drehen. Die Glashülle stammt vom französischen Stararchitekten Jean Nouvel. Sie lässt dem Karussell seine verspielte Bühne, wertet es aber irgendwie zum Kunstgegenstand auf.

Kinder und ihre Eltern stehen artig Schlange, es herrscht eine entspannt aufgekratzte Atmosphäre rund um diese hübsche Attraktion.

Jane's Carousel wird durch die wunderbare Glaskonstruktion des französischen Stararchitekten Jean Nouvel zu einer besonderen Sehenswürdigkeit für große und kleine Besucher.

Die perfekte Oase für eine Pause vom Trubel der Stadt. Schon wenige Meter vom Karussell entfernt kann man herrlich im Park entspannen.

»Noodles, ich kann nicht mehr!« Aufmerksame Kinogänger erkennen in der Washington Street die Szene aus *Es war einmal in Amerika* – dem berühmten Film aus der Amerika-Trilogie von Sergio Leone.

4. MANHATTAN BRIDGE AND MAIN STREET PARK

Vom Karussell gehen wir weiter durch den Park, der am Ufer des East River angelegt wurde. »Main Street Park heißt dieser kleine Grünstreifen. Der Name ist nicht besonders originell, dafür ist der Park schön.« Wir bestaunen die Manhattan Bridge, wie gesagt Jonathans Lieblingsbrücke, deren filigrane Konstruktion bei eingehender Betrachtung wirklich faszinierend ist.

»Schaut euch mal um. In diesen alten Backsteingebäuden gibt es mittlerweile unzählige Studios und Ateliers: Hier hat sich die Kunstszene eingenistet; und das ist es, was Dumbo im Grunde ausmacht. Mittlerweile ist leider auch Dumbo ziemlich teuer geworden. Es ist wie an vielen Stellen in New York: Den Künstlern folgen immer die Leute mit Geld, bis dann irgendwann die Künstler weiterziehen müssen, weil alles zu teuer für sie wird.«

Unser Weg führt weiter über die Washington Street. »Wenn ihr euch jetzt umdreht, habt ihr einen Wahnsinnsblick.« Wir fühlen uns an etwas erinnert, wissen aber nicht gleich, woran. Jonathan lächelt, als habe er diesen Effekt bewirken wollen. »Kennt ihr den Film *Es war einmal in Amerika* von Sergio Leone? Ein absoluter Klassiker. Eine entscheidende Szene ist genau hier gedreht worden, sie zeigt diesen Blick. Ich glaube, dass es sogar das Titelmotiv des Films ist.« Wir nicken und stellen fest, dass wir uns offenbar für die gleichen Filme begeistern wie unser Greeter.

›Think Positive‹ selbst in Straßenunterführungen.

7. MCCARREN PARK

»Der McCarren Park ist bekannt dafür, dass hier jeder mit jedem ein Team gründet und man einfach miteinander Spaß am Sport hat. Die meisten spielen Baseball.« Zahllose Jogger, Skateboarder, Frisbee-Artisten und zehn Baseball-Teams verwandeln den Park in einen sportlichen Jahrmarkt. Wunderbar, dass hier im positivsten Sinne Amateurgeist herrscht. Man hat das Gefühl, dass man seine Tasche ablegen und sofort mitspielen dürfte.

»Die Bebauung am Rand des Parks nennt man Williamsburg Art Nouveau. Da hat sich eine spezielle, ultramoderne Architektur etabliert, nachdem der Bauherr Carl Fischer im großen Stil die vorhandenen Gebäude abgerissen und durch neue ersetzt hat. Logisch, dass die altbekannte Entwicklung stattgefunden hat. In diesem Fall sind vor allem Puertoricaner weiter in die Außenbezirke gezogen, und stattdessen leben jetzt die Hipster hier.« Wir spazieren durch den Park, betrachten abwechselnd die Gebäude und die quirligen Spielfelder und biegen dann nach einem kurzen Stück auf der Bedford Avenue in Richtung East River ab.

Baseball ist eine der Lieblingssportarten der Amerikaner »Vermutlich unser demokratischster Sport«, meint Jonathan. »Wer hierherkommt und mitspielen will, findet meistens ein Team und legt einfach los.«

8. NORTH 11TH STREET UND WYTHE HOTEL

Die North 11th Street ist zunächst eine Wohnstraße mit kleinen Häusern, die irgendwie an den Baustil der Südstaaten erinnern. Aber wir sind keineswegs in Charleston, sondern nach wie vor in Brooklyn.

Ein paar Meter weiter zeigt uns Jonathan auf der linken Seite Beacon's Closet – Vintage Clothes. »So, da gehen wir jetzt auch mal rein. Der Laden ist spitze, wenn man Secondhand liebt. Aber das hier ist wirklich tolles Zeug, deshalb ist der Name Vintage eigentlich gar nicht so verkehrt.«

Auf der anderen Seite der Straße bildet sich gerade eine Schlange vor der Brooklyn Brewery; die Wartenden wollen die Craft-Brauerei besichtigen und das ein oder andere Brooklyn-Lager & Co. verkosten. »Die machen das echt gut, das ist einen Besuch wert. Was ich aber noch besser finde: einmal um die Ecke in der Wythe Avenue gibt es das Brooklyn Bowl. Das ist eine Bowling-Bahn wie in den 70ern, da fühlst du dich original wie der Big Lebowski oder wie John Travolta in *Saturday Night Fever.*«

Wir gehen heute nicht zum Bowlen, bestaunen stattdessen das großartige Wythe Hotel, dessen Fassade und der Blick in die Lobby große Lust auf einen Besuch machen. »Das Hotel sieht zwar vintagemäßig aus, ist aber gar nicht günstig. Was dennoch super ist: Mit dem Aufzug könnt ihr in die Rooftop-Bar fahren und dort was Leckeres trinken, während ihr die Skyline bewundert. Der Blick ist wirklich sensationell«, macht Jonathan uns Lust, die Gegend noch einmal zu besuchen.

Von der Dachterrasse des Wythe-Hotels kann man wunderbar in Richtung Midtown schauen. Die freundlichen Mitarbeiter des Hotels zeigen gleich lächelnd zum Aufzug, der uns in die Rooftop-Bar bringt: Mit einem kühlen Getränk in der Hand macht es noch mehr Spaß, den Blick zu genießen.

9. STATE OF NEW YORK EAST RIVER STATE PARK

Wir lassen das Hotel hinter uns liegen, gehen bis zur Kent Avenue und biegen dann in Richtung Süden ab. Die Nähe zum Fluss ist hier schon zu spüren, wenn man ihn auch noch nicht sehen kann.

Vor uns liegen weitere schicke Apartment-Häuser; man braucht nicht viel Fantasie, um sich auszumalen, dass hier gerade die nächste Runde einer Gentrifizierung in vollem Gange ist.

Kurz vor den Häusern fordert uns Jonathan auf, ab- zubiegen. »Bis zum Ufer liegt hier ein Parkplatz. Hier findet jeden Samstag ab 11.00 der Smorgasmarket statt. Ein alternativer Street Food Markt mit ein bisschen Flohmarkt und Kleinkunst. Sehr cool, sehr lecker und definitiv einen Besuch wert. Ich sehe es euch schon an, ihr werdet wiederkommen«, lacht unser Gastgeber und führt uns direkt zum Wasser. Der Blick ist wirklich großartig. »Hier fährt die East River Ferry ab. Die rasen wie die Irren, aber man kommt schnell von einem Ort zum anderen. Mit denen wären wir schneller als mit dem Taxi von Dumbo hier gewesen. Und billiger.«

Wir verabschieden uns, und Jonathan erklärt uns, warum er dieses Mal die Metro für seine Rückfahrt wählt. »Die Fähre hält auf der Manhattan-Seite erst unten am Pier 11 im Financial District. Bei aller Lust zu laufen, das ist mir heute zu weit zurück ins West Village.«

Durch einen offenen Parkplatz kommt man an den Uferstreifen, der erstaunlich rau ist: Auf ein paar Steinen machen wir es uns bequem und beobachten das Treiben um uns herum und auf dem East River.

Williamsburg Walks
LOFTS FOR RENT
By Owner
Contact Sam at
718 486-8400
917 365-0795

Buffalo
EXCHANGE

JULIETTE

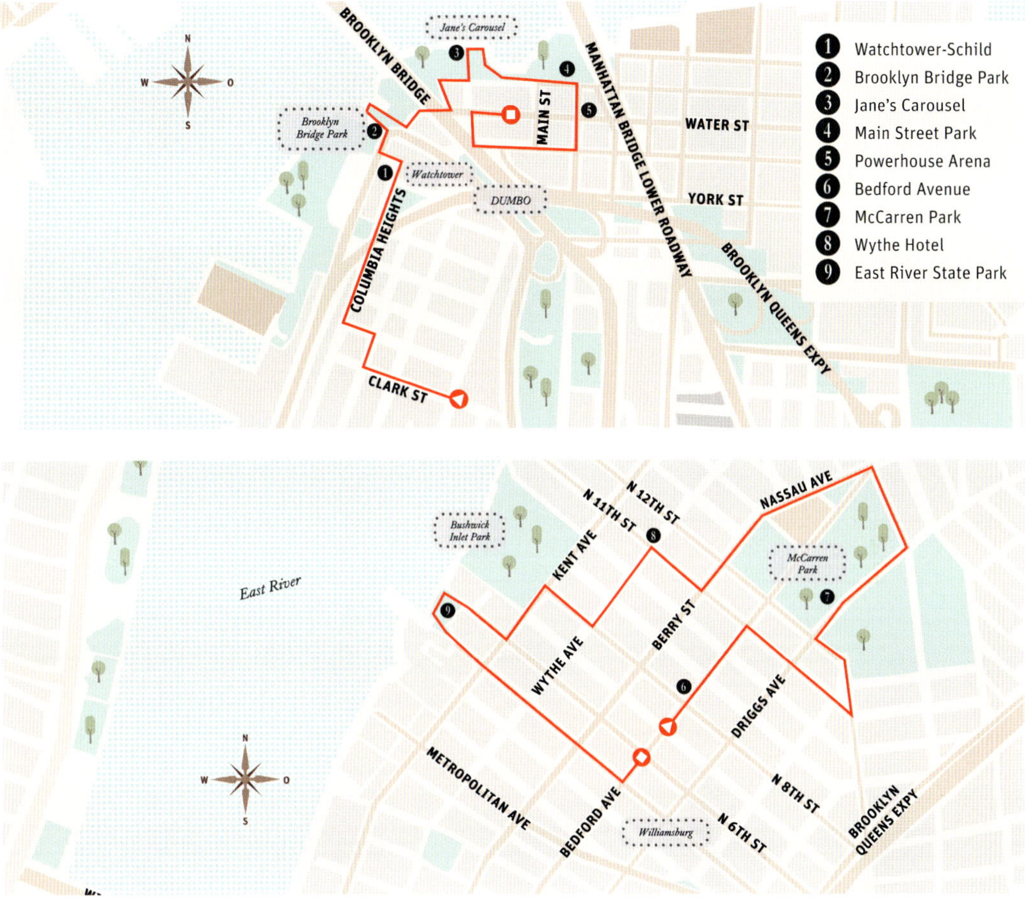

Die Tour mit Jonathan.

JONATHAN GRAF

- ist in Staten Island aufgewachsen, hat in Chelsea (Manhattan) und Astoria (Queens) gewohnt und lebt heute im West Village in Manhattan
- hat im Jahre 2012 als Greeter angefangen und führt neben Dumbo und Williamsburg auch Touren durch seine neue Heimat, das West Village
- ist Software-Entwickler beim Fernsehsender HBO und hat bereits mit zehn Jahren angefangen, selbst Software zu schreiben
- hat an der New York University Informatik studiert und war während dieser Zeit Berater und Coach für jüngere Studenten
- liebt die Manhattan-Bridge unter anderem, weil sie in seiner Lieblingsfarbe Blau gebaut wurde

»ICH MÖCHTE FÜR DAS, WAS ICH HIER TUE, KEIN GELD BEKOMMEN. GELD VERDIENE ICH MIT MEINER ARBEIT. UND DAS HIER IST WAS VÖLLIG ANDERES ALS ARBEITEN. DIE SKYLINE VON DUMBO ODER WILLIAMSBURG AUS SEHEN? DAS IST WUNDERSCHÖN, ABER DEFINITIV KEINE ARBEIT.«

WARUM BIST DU GERNE EIN BIG APPLE GREETER?

Es macht mich einfach glücklich. Das ist der Hauptgrund, warum ich das tue. Viele meiner Freunde haben mir schon gesagt: »Hey, das ist genau dein Ding, irgendwie logisch, dass du Greeter geworden bist!« Am Anfang ging es mir vor allem darum, meine persönliche Geschichte und mein Wissen über die Stadt mit anderen Menschen zu teilen. Heute sage ich: Es passt einfach perfekt zu mir und meinem Leben, Besucher zu treffen und Zeit mit ihnen zu verbringen.

FÜHRST DU LIEBER AMERIKANER DURCH DEINE STADT ODER LEUTE AUS ANDEREN LÄNDERN?

Ganz ehrlich? Ich habe vor kurzem den Entschluss gefasst, keine Amerikaner mehr zu führen. Meine Landsleute sind einfach zu faul; Amerikaner wollen nicht laufen. Wie soll man jemandem was Spannendes zeigen, wenn ihm jeder Schritt zu mühsam ist? Das macht mir wenig Freude, wenn ich vor allem damit beschäftigt bin, Aufzüge und Rolltreppen zu suchen.

New York ist eine Stadt für Fußgänger. Insofern: Kommt alle her zu mir aus fremden Ländern, mit euch ist das Spazieren ein Riesenspaß!

MIT WELCHEM GAST – GERNE AUS DEM AUSLAND – WÜRDEST DU AM LIEBSTEN DURCH DEINE STADT SPAZIEREN UND DICH AUSTAUSCHEN?

Die Person müsste man ja kennen, und eigentlich stehe ich nicht so sehr auf bekannte Persönlichkeiten. Aber doch, einer fällt mir ein. Benjamin Netanjahu würde ich begleiten. Mit dem hätte ich ein Hühnchen zu rupfen. Ich würde ihn gerne fragen, warum er seine Entscheidungen so trifft und warum er so überzeugt davon ist, dass er das Richtige tut. Ich fände es spannend, wenn wir unsere unterschiedlichen Sichtweisen austauschen könnten. Vermutlich würde das eine sehr lebhafte Runde werden mit uns beiden.

HAST DU PERSÖNLICHE HIGHLIGHTS IN DUMBO?

Ich liebe es, die Manhattan Bridge zu betrachten, ihre wunderbaren Türme und Verzierungen – vor allem von der Washington Street hat man einen umwerfenden Blick auf einen der Pfeiler! Und dann der Uferstreifen zwischen der Brooklyn Bridge und der Manhattan Bridge mit den Pflastersteinwegen und dem Uferpark. Außerdem mochte ich den Galapagos Artspace in der Main Street sehr gerne, der ganz junge Kunst gezeigt und gefördert hat. Die sind mittlerweile leider nach Detroit umgezogen, weil New York zu teuer wurde …

UND WAS EMPFIEHLST DU BESONDERS IN WILLIAMSBURG?

Die Bedford Avenue ist schon sehr sehenswert. Daneben mag ich den McCarren Park, wo immer irgendwelche lustig zusammengestellten Mannschaften Baseball spielen. Beacon's Closet ist ein sehr cooler Laden für Vintage-Kleidung. Das ist gleich beim Wythe Hotel. Und ein bisschen weiter südlich hat man vom East River State Park einen Traumblick über den Fluss auf die Skyline, Höhe 14th Street.

WELCHER ORT IN NEW YORK IST DEIN PERSÖNLICHER LIEBLINGSPLATZ?

Auf der Westseite von Manhattan gibt es auf der Höhe der Christopher Street einige Piers im Hudson River. Das sind meine persönlichen Zen-Orte, an denen ich völlig runterfahren kann. Speziell der Pier 45 ist meine Oase der Ruhe: Da hört man keinen Verkehr, es herrscht absolute Stille. Und selbst an den heißesten Tagen liegen die Sonnenanbeter eher in der Mitte des Stegs, am Ende ist man fast immer alleine. Von da aus sieht man die Freiheitsstatue, die Verrazano Bridge und hat die komplette Skyline vor sich. Da erlebe ich meine persönlichen Momente der Glückseligkeit.

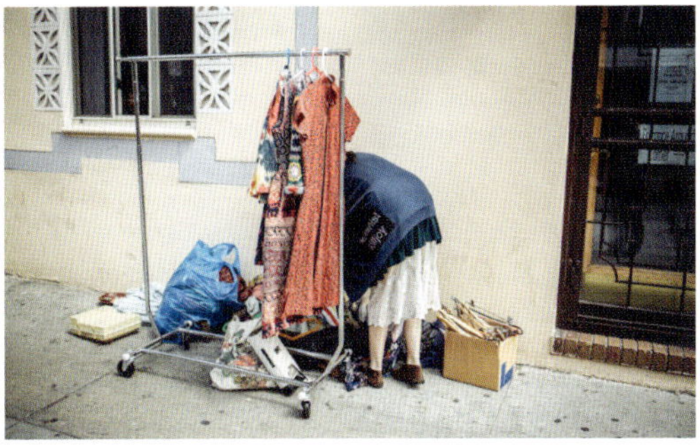

城國中小
Little

6

MANHATTAN

CHINA TOWN & LITTLE ITALY

MIT JO MURRAY

TJ DR

WILLKOMMEN IN CHINATOWN & LITTLE ITALY:

WO CHINESEN UND ITALIENER DICHT AN DICHT LEBEN

»Glaubt bloß nicht, das hier sei das wahre Chinatown«, begrüßt uns die junge Frau, freundlich lächelnd. Sie sieht aus wie eine Chinesin und spricht wie jemand, der New York nur selten verlassen hat. Dann streckt sie uns ihre Hand entgegen: »Hi, ich bin Jo! Lasst uns erst mal aus dem Trubel verschwinden.« Unser Treffpunkt in der Canal Street scheint das Epizentrum dessen zu sein, wofür Chinatown berühmt ist. Und berüchtigt – billige Uhren, gefälschte Markenartikel und überall geschäftige, redselige Straßenhändler: »Gucci! Chanel! Cheap! Cheap!«

Chinatown im Südosten Manhattans war Anfang des 20. Jahrhunderts die Anlaufstelle eingewanderter Chinesen. Mittlerweile nennen auch Menschen aus Vietnam, Thailand oder Korea diesen nach wie vor wachsenden Stadtteil, mit etwa einer Million Einwohnern eine der größten ethnischen Gemeinden New Yorks, ihre Heimat. Und wenngleich es im Big Apple einige weitere Chinesenviertel gibt, sind diese zwei Quadratkilometer doch ›the real thing‹.

Jo führt uns zurück in ihre Vergangenheit; und in die ihrer Eltern und Großeltern. Zu den Gerüchen aus der mütterlichen Küche, zu alten Traditionen … aber auch zu neuen Entwicklungen.

Anschließend zeigt sie uns Little Italy, das heute praktisch nur noch aus der Mulberry Street und ein paar Querstraßen besteht. Während Chinatown spürbar lebt, atmet und pulsiert, bemüht sich Little Italy nur noch, den Mythos vergangener Tage und einer oft verfilmten Geschichte aufrechtzuerhalten. Und das ist weit mehr als Pizza, Pasta und Gelato. Allerdings hat hier das Personal einmal komplett durchgewechselt. Viele der italienischen Lokale werden heute von Menschen betrieben, deren Heimat Albanien, Serbien oder Kroatien war. Würde Francis Ford Coppola eine Fortsetzung der legendären Trilogie *Der Pate* in Erwägung ziehen, müsste er sich vermutlich einen anderen Drehort aussuchen.

Chinatown trotzt den Gesetzen des Immobilienmarktes und ist seit mehr als 130 Jahren immer noch ein komplett intaktes Einwandererviertel, zudem die größte Chinatown der USA.

佛有缘
VEGETARIAN DIM SUM HOUSE
佛有缘點心
VEGETARIAN DIM SUM HOUSE
PELL HAIR SALON
協勝公會

1. CANAL STREET

Unsere Runde beginnt in der Canal Street, die die meisten Touristen schon für Chinatown halten. »Gold und Essen würde ich in der Canal Street vielleicht kaufen, sonst eher nichts. Lasst uns mal richtig in Chinatown eindringen. Das hier ist nur das grelle Schaufenster.«

Auch jenseits der bunten Buden und fliegenden Händler in der Canal Street, bei denen man übrigens die legendären »I love NY«-Shirts im Fünferpack für zehn Dollar kaufen kann, wird an jeder Ecke lautstark gehandelt und verkauft. Und es gibt nichts, was es hier nicht gibt.

Allerdings funktioniert Business rund um die Canal Street nach völlig anderen Regeln als im gesamten Rest New Yorks.

Immer wieder treffen wir in dieser Straße auf Drache und Phoenix. Die beiden Motive zieren die Wände der großen Dim-Sum-Paläste, vor allem aber die zahllosen Goldläden, die zumeist entlang der Canal Street zu finden sind. Jo erklärt uns, dass sie in der chinesischen Mythologie Braut (Phoenix) und Bräutigam (Drache) repräsentieren.

Als wir an den Schaufenstern der Goldhändler in der Canal Street entlangspazieren, lernen wir von Jo, dass »die Chinesen eine gelblichere Goldlegierung als die Amerikaner mögen«.

Frischer Fisch, frisches Gemüse, asiatische Spezialitäten. Die Läden in Chinatown sind so gut sortiert, dass die Chinesen aus Boston eine regelmäßige Busverbindung hierher organisiert haben.

Nur Chinesisch, mitten in den USA: Es ist faszinierend, wie fremd und dadurch natürlich besonders reizvoll sich die chinesische Enklave, mitten in Manhattan, anfühlt.

新文華閣酒家
456
飯店
NIKE
PARK
eye

Big Apple Greeter
New York City

Die Tour mit Jo.

JO MURRAY

- geboren und aufgewachsen in New York City
- bezeichnet sich als »Chinese-American«
- lebt mit ihrem Mann, einem Afroamerikaner, und den beiden gemeinsamen Kindern mittlerweile in der Bronx
- ist Big Apple Greeter seit 1996, nachdem sie sich durch eine Werbung auf ihrer Gas- und Stromrechnung sehr angesprochen fühlte

»WIR ALS BIG APPLE GREETER GLAUBEN, DASS MENSCHEN, EGAL WOHER SIE KOMMEN, SICH EINFACH VERTRAUEN UND EINE GUTE ZEIT MITEINANDER VERBRINGEN KÖNNEN, AUCH WENN SIE VORHER UNBEKANNTE WAREN.«

WAS REIZT DICH PERSÖNLICH DARAN, WILDFREMDE MENSCHEN ZU TREFFEN UND IHNEN DEINE STADT ZU ZEIGEN?

Ich mochte es einfach schon immer, Menschen kennenzulernen. Ich bin so eine Person, die in einer Schlange im Supermarkt ein Gespräch mit dem Menschen neben sich anfängt, auch wenn wir uns noch nie gesehen haben. Ganz ehrlich: Greeter zu sein ist ein gutes Ventil für mich, meine Wesensart ausleben zu können.

WORAN SIND DIE MEISTEN DEINER GÄSTE BESONDERS INTERESSIERT? WAS WOLLEN SIE SEHEN?

Die meisten meiner Besucher haben keine präzise Vorstellung. Sie wissen zu wenig und sind dafür offen, sich von mir führen und Orte zeigen zu lassen, die ich für sie auswähle. Ich empfehle den meisten, dass wir nicht gemeinsam nach Midtown gehen. In Midtown gibt es das rechteckige Straßenraster. Durch dieses einfache System und mit jedem vernünftigen Reiseführer findest du ohne Begleitung alles, was du sehen willst. Aber hier in Chinatown ist es eine echte Hilfe, wenn ich an der Seite eines Besuchers bin und ihn auf Besonderheiten aufmerksam mache.

WELCHE PERSÖNLICHE BEZIEHUNG HAST DU ZU CHINATOWN?

Als Kind habe ich viele Wochenenden mit meiner Mutter hier verbracht. Wir haben regelmäßig Gemüse und andere Lebensmittel in Chinatown eingekauft, und ich habe die ganzen Düfte intensiv erlebt und gespeichert. Die Gerüche versetzen mich in meine Kindheit zurück. Und wenn die Menschen, die hier leben, sich unterhalten, werde ich immer an meine Mutter erinnert. Obwohl ich nicht in China geboren bin und nur ein paar Brocken Chinesisch spreche, klingt und riecht diese Gegend wie mein Zuhause.

WELCHEN VORURTEILEN ÜBER NEW YORK BEGEGNEST DU AM HÄUFIGSTEN?

Ganz eindeutig, dass New Yorker unfreundlich und arrogant sind. Und ich kann durchaus verstehen, wie man zu diesem Schluss kommt. Es stimmt ja, dass hier der Spruch ›Zeit ist Geld‹ besonders zutrifft. So hetzen wir häufig durch die Stadt, ohne nach rechts und links zu schauen. Aber ich kann eines versprechen: Wenn wir erst mal 20 Minuten zusammen Kaffee trinken, sind wir sehr freundliche und entspannte Menschen … (lacht)

WAS LIEBST DU AM MEISTEN AN NEW YORK CITY?

Die Energie der Stadt. Du fühlst dich nirgendwo auf dieser Welt so lebendig wie hier. Hier zu leben hält dich auf Trab und lädt deine Akkus immer wieder neu auf.

WAS IST DAS WICHTIGSTE FÜR DICH WÄHREND DER ZEIT MIT DEINEN BESUCHERN?

Das Wichtigste ist, sie nicht zu verlieren. Das ist mir zwar noch nie passiert, aber ich habe jedes Mal große Sorgen, dass ich mich umdrehe – und meine Gäste sind weg. Das hat sich in fast 20 Jahren komischerweise noch nicht geändert.

GIBT ES BESUCHER, MIT DENEN SICH EINE FREUNDSCHAFT ENTWICKELT HAT?

Oh ja. Mir fällt spontan vor allem ein Besucher ein, der in Wisconsin für einen edlen Lebensmittelhersteller arbeitet. Wir treffen uns seit Jahren, einmal jährlich. Zunächst kam er allein, dann mit seiner Frau, und Jahr für Jahr bringt er mehr Verwandte mit. Beim ersten Besuch war ich Single, dann verlobt, dann verheiratet, dann schwanger, dann hatte ich ein und jetzt zwei Kinder dabei. »Ich treffe dich häufiger als manche meiner Freunde«, habe ich zu ihm gesagt. »Wir sind mittlerweile Freunde«, hat er mir geantwortet.

WAS SAGEN DENN DEINE FREUNDE HIER IN NEW YORK DAZU, DASS DU DICH ALS GREETER ENGAGIERST?

Als ich angefangen habe, hielten sie mich für ziemlich verrückt. Mittlerweile haben die meisten verstanden, wie gut mir das tut, dass ich diese Aufgabe habe, mit Menschen sprechen kann, die meine Geschichten und die neuesten Infos über New York noch hören wollen. So muss ich meine Freunde damit nicht langweilen … (lacht)

ERINNERST DU DICH AN EINE BEGEGNUNG BESONDERS GERN?

Eine Begegnung war in der Tat einzigartig, weil ich viel gelernt habe über die Idee, Greeter zu sein. Meine Besucherin war eine junge Frau aus Brasilien mit japanischen Wurzeln, aber schon seit drei Generationen in Brasilien. Sie sprach nur Portugiesisch. Ich war verwundert, dass sie so viele Fotos von mir gemacht hat. Als ich sie darauf ansprach, sagte sie: »Als ich meiner Familie erzählt habe, dass ich einen echten New Yorker treffe, waren alle besorgt, dass du ein Mörder sein könntest oder so. Also musste ich versprechen, dass ich viele Fotos von dir mache, damit meine Familie dich gegebenenfalls finden kann. Aber woher weißt du eigentlich, dass deine Gäste keine Verrückten oder Verbrecher sind? Hast du nie Angst?«

Da fiel mir auf, dass ich wirklich noch nie Angst hatte. Die Big Apple Greeter glauben an gegenseitiges Vertrauen und an das Gute in den Menschen: Du traust mir, und ich habe Vertrauen, dass auch du nur mein Bestes willst. Und wir beide profitieren davon, dass wir eine gute Zeit miteinander verbracht haben.

BICYCL
S & SERVICE
PARK & RIDE
MUNICIPAL PARKING
35 St

7

QUEENS ASTORIA

MIT AL RIGGI UND NIKKI PADILLA

TJ MK

WILLKOMMEN IN ASTORIA:

DIE UNITED NATIONS IN EINEM VIERTEL: FÜR MENSCHEN AUS MEHR ALS 160 LÄNDERN IST ASTORIA DIE HEIMAT

»John Jacob Astor hat New York an vielen Stellen seinen Stempel aufgedrückt. Die beiden berühmtesten sind das Waldorf Astoria Hotel in Manhattan und unser Stadtviertel Astoria in Queens.« Astor, damals der reichste Mann der Welt, musste Mitte des 19. Jahrhunderts für die dauerhaften Namensrechte 2.000 Dollar bezahlen und zusagen, dass er sich auch weiterhin um die Entwicklung des Stadtteils kümmern würde.

Große Namen sind es auch, die uns empfangen, als wir an der oberirdischen Metrostation Astoria Boulevard ganz im Nordwesten von Queens aussteigen, um Al Riggi und seine Enkelin Nikki Padilla zu treffen. Die Treppe vom Bahnsteig führt uns direkt zum Columbus Triangle, einer winzigen dreieckigen Grünfläche. Hinter uns liegt die Robert F. Kennedy Bridge, und immer wieder gibt es sprachliche Verweise auf J. J. Astor, den Namenspatron des mittelständischen Viertels.

Insofern ist es bereits ein erstes Statement, dass unsere beiden Greeter als Treffpunkt ein einfaches Dunkin'-Donuts-Restaurant in unmittelbarer Nähe der Haltestelle der N- und der Q-Linie vorgeschlagen haben. Queens ist zwar flächenmäßig das Größte der fünf Boroughs, wirkt jedoch gegenüber dem glamourösen Manhattan, dem hippen Brooklyn und der verruchten Bronx durchweg bodenständig. In Queens leben insgesamt etwas mehr als 2,2 Millionen Menschen, 250.000 davon in Astoria, dem bevölkerungsreichsten Viertel von Queens. So auch Al und Nikki: »Als meine Eltern 1941 von Manhattan nach Astoria zogen, war das hier ein Viertel mit überwiegend deutschen und italienischen Einwanderern. Auch meine Eltern kommen aus Italien.«

Charakteristisch für Queens, insbesondere für Astoria, ist die Vielfalt der Herkünfte und Ethnien: Menschen aus mehr als 160 Ländern leben hier zusammen.

»Die ATM-Machines (Geldautomaten) in Astoria bieten 20 unterschiedliche Sprachen an, in denen man die Geräte bedienen kann. In Manhattan sind es maximal drei«, weiß Al, der sich täglich an der kulturellen und kulinarischen Vielfalt seines Viertels erfreut.

»Früher waren es Italiener und Deutsche, heute wird Astoria von Griechen dominiert. Nach Athen ist Queens die zweitgrößte griechische Stadt der Welt. Kommt, wir schauen uns gleich mal Titan Foods an, das ist ein typischer griechischer Supermarkt.« Und so startet unser Besuch in Astoria mit einem weiteren großen Namen.

Die Robert F. Kennedy Bridge verbindet Astoria mit dem Inselchen Wards Island und erst dann mit dem nördlichen Teil von Manhattan und der Bronx. Obwohl man hier nur einen Kilometer Luftlinie von den feinen Wohngebieten der Upper East Side entfernt ist, fühlt sich Queens viel bodenständiger an.

Hervorragende Oliven, Olivenöle, Fetakäse, Baklava oder Gebetsarmbänder. Bei Titan Foods kaufen die vielen ausgewanderten Griechen landestypische Produkte aus der Heimat.

1. TITAN FOODS UND NEPTUNE DINER ON 31ST STREET

Zu Beginn unserer Runde durch Astoria führt Al uns in den griechischen Supermarkt Titan Foods. »Heute leben so viele Griechen in Astoria, dass wir einfach hier beginnen müssen. Hier gibt es nicht nur griechische Spezialitäten in großer Auswahl, sondern auch besonders freundliches Personal.«

Der Neptune Diner nördlich des Grand Central Parkway setzt auf klassische amerikanische Diner-Gerichte: Burger, Steaks, Pickles, Fries. »Die machen hier nichts Außergewöhnliches, aber sie machen es außergewöhnlich gut. Dieses Lokal ist ein paar Jahre hintereinander als bester Diner in New York ausgezeichnet worden.«

Der vielfach prämierte Neptune Diner serviert klassische amerikanische Gerichte in klassisch griechischem Ambiente.

Beeindruckend auch ohne Wasser: Das riesige Schwimmbecken ist das größte in ganz New York.
Die Sprunganlage war vielfach Austragungsort nationaler Ausscheidungskämpfe für Olympia.

2. ASTORIA PARK UND ASTORIA PARK POOL

Der Astoria Park erstreckt sich an der Ostseite des East River. Der große ovale Pool mitten im Park ist das größte Schwimmbecken in ganz New York. Es öffnet jedes Jahr am Memorial Day, Ende Mai. Als wir den Pool besuchen, ist das riesige Becken leer, aber dennoch ein beeindruckender Anblick. »Das ganze Jahr über finden hier Veranstaltungen statt: Konzerte, Theater und viel Sport«, erklärt uns Al.

Für Al sind der Astoria Park und der riesige Pool zwei der wichtigsten Attraktionen von Astoria. »Der Park ist eine große, grüne Ruheoase, ein Paradies für Jogger und Schwimmer. Und die Aussicht ist grandios«, findet er.

»Den Park habe ich schon immer ganz besonders geliebt. Als Nikki noch klein war, habe ich sie oft mit dem Fahrrad abgeholt und bin mit ihr hierhergekommen, um zu spielen. Als Teenager habe ich selbst den ganzen Sommer in diesem Schwimmbad verbracht. Jeden einzelnen Tag … damals hat das keinen Eintritt gekostet.«

Bevor wir den Park erreichen, kommen wir an der Eagle Pencil Factory vorbei. Wo früher Bleistifte produziert wurden, leben heute wohlhabende New Yorker in schicken Apartments.

3. HELL GATE BRIDGE UND ROBERT F. KENNEDY BRIDGE

Zwei Brücken kann man vom Uferstreifen beim Astoria Park sehen: zur Linken die Robert F. Kennedy Bridge, die bis 2008 Triboro Bridge hieß, und zur Rechten eine Eisenbahnbrücke.

»Dieser Bereich des East River wird Hell Gate genannt, weil schon sehr viele Schiffe durch die gefährlichen Strömungen und Strudel an dieser Stelle verunglückt sind.« Al hat Respekt vor dieser Kraft des Wassers, direkt gegenüber dem Ufer des Astoria Parks.

»Genau hier hat sich 1904 auch die General-Slocum-Katastrophe ereignet. Ein großer Ausflugsdampfer aus Holz ist in Brand geraten und dann gesunken. Mehr als 1.000 Menschen, fast alle deutschstämmig, sind dabei ertrunken. Die meisten waren Frauen und Kinder und lebten mit ihren Männern in Kleindeutschland, in der Lower Eastside. Vor dem 11. September war das das größte Unglück, das New York heimgesucht hat.«

»Von einem meiner Gäste habe ich gelernt, dass der East River eigentlich gar kein Fluss ist, obwohl er so heißt, sondern eine Flussmündung.« Die mächtige Brücke, die über diese Flussmündung führt, heißt seit 2008 Robert F. Kennedy Bridge. Sie wurde 40 Jahre nach der Ermordung des damaligen New Yorker Senators nach ihm benannt.

Hell Gate heißt die Eisenbahnbrücke, die über den East River führt, aufgrund der gefährlichen Strömungen an dieser Stelle.

4. RICCARDO'S BY THE BRIDGE

Seit mehr als 60 Jahren feiern die Menschen aus Astoria und weit darüber hinaus bei Riccardo's Hochzeiten, runde Geburtstage und Taufen. Das flache Gebäude aus den Fünfzigern wirkt wie eine Filmkulisse aus der Vergangenheit.

An dem nüchternen Flachbau wären wir einfach vorbeigelaufen, hätten uns Al und Nikki nicht schon intensiv auf diese Institution vorbereitet. Und in der Tat: Sobald man das Innere des Gebäudes betritt, fühlt man sich in die Zeit versetzt, als Schmalztolle und Pettycoat die Mode bestimmten und die Hits von Elvis und Fats Domino stammten.

»Unsere Familie hat immer wieder hier gefeiert. Meine Mutter hat hier geheiratet. Für uns ist das Riccardo's ein Ort, der mit vielen Erinnerungen verknüpft ist«, erzählt uns Nikki, während wir gemeinsam durch die leeren Festsäle schlendern. An einem Nachmittag unter der Woche gibt es keine Feiern, die Räume können jedoch besichtigt werden. Vielleicht hat man ja demnächst was zu feiern …

Stilecht aus den Fünfzigern: Farben, Materialien, Lampen und Besteck. Es hat sich nichts geändert bei Riccardo's – offenbar sehr zur Freude der traditionsbewussten Gäste.

An den Wochenenden im Mai und Juni und dann von September bis Januar ist Hochsaison für Familien-Feiern bei Riccardo's. »Während dieser Zeit sind wir meistens ein Jahr im Voraus ausgebucht«, erfahren wir von der Dame an der Rezeption.

Vom Park aus hat man einen guten Blick auf Manhattan und auf die gewaltige Robert F. Kennedy Bridge. »Als sie 1936 gebaut wurde, hieß die Brücke Triboro Bridge; die Leute von hier nennen die Brücke auch heute noch so.«

5. INTERNATIONALES ASTORIA RUND UM DIE 31ST STREET

Rund um die 31st Street gibt es viele Stellen, an denen Al kurz anhält, um uns auf kleine Besonderheiten hinzuweisen: der böhmische Biergarten, ein kleiner politischer Club, der mal eine Bar war, in der Tony Bennett, erfolgreicher Sohn des Viertels, seine Karriere als Sänger gestartet hat, ein russischer Barbershop oder das Graffiti-Wandgemälde, das Szenen aus der griechischen Antike zeigt.

»Jetzt ist keine Biergarten-Saison. Sonst wäre hier rund um den Bohemian Hall and Beer Garden in der 24th Avenue richtig was los. Das ist einer der besten, auf jeden Fall aber meistbesuchten, Biergärten in ganz New York!«

»Bei Artopolis in der Agora Plaza gibt es fantastisches griechisches Gebäck. Nur der Name der Minimall ist ein bisschen komisch. Agora heißt Platz auf Griechisch, und Plaza heißt eben auch Platz ... naja, aber sehr lecker ... das Brot!«, amüsiert sich Al.

Von jungen Leuten an die Wand gesprüht und doch der Antike entsprungen: das Graffiti an der Ecke 33rd Street und 23rd Avenue.

»11 Tage die Woche geöffnet.« Für Al typisch russischer Humor: »Der Barbier will uns einfach sagen, dass er immer offen hat ... wer hier lebt, ist es gewohnt, dass jedes Land seine Eigenheiten eingebracht hat.«

6. ST. DEMETRIUS KATHEDRALE

Die griechischen Einwanderer in Astoria gehören mehrheitlich der griechisch-orthodoxen Kirche an. Ein besonders prächtiges Gotteshaus mit riesigem ikonenverziertem Kuppelsaal finden wir in der 33rd Street zwischen 23rd Avenue und Ditmars Boulevard: die St. Demetrios Kathedrale mit angeschlossener Schule und Kindergarten, benannt nach den Heiligen Katharina und Georg. »Wenn du durch diese Straßen hier gehst, erwartest du alles, aber nicht so eine Kirche, die mit Gold und riesigen Wandgemälden verziert ist. Aber die Griechen wollen eben, dass ihre Kirche aussieht wie zu Hause.«

Ikonen aus Blattgold, grelle Farben, osteuropäische Architektur: erstaunlich, wie sehr die in diesem Falle griechischen Einwanderer ihre Kultur fernab der Heimat bewahren.

STEINWAY & SONS

STEINWAY & SONS
NEW YORK HAMBURG

7. STEINWAY & SONS

Al führt uns bis zum nördlichen Ende der 33rd Street und biegt dann nach rechts in die 20th Avenue, danach wieder links in die 38th Street ab. Mitten in einem grauen Industriegebiet stehen wir vor dem Werksgelände von Steinway & Sons. Das 1853 in Manhattan gegründete Unternehmen fertigt seit 1870 seine Premium-Musikinstrumente hier in Queens.

»Mein Cousin hat jahrelang bei Steinway gearbeitet und war dort für die Piano-Fertigung zuständig«, erläutert uns Al. »Das Holz hier im Außenbereich muss mindestens ein Jahr lagern und trocknen, bevor daraus ein Flügel oder ein Klavier gefertigt wird. Wir sind stolz, dass diese großartigen Instrumente direkt in unserer Nachbarschaft gebaut werden.«

Das Traditionsunternehmen mit deutschen Wurzeln wurde von Henry E. Steinway 1853 in New York gegründet. Heute werden pro Jahr etwa 3.000 Flügel und 600 Klaviere in Queens und in Hamburg hergestellt.

Auch wenn es von außen aussieht wie die meisten amerikanischen Fabriken: Hier in Astoria bei Steinway & Sons werden die weltbesten Flügel und Klaviere hergestellt.

Die ausgestellten Instrumente in der Eingangshalle heißen die Gäste willkommen; gemeint sind damit allerdings ausschließlich Aspiranten für den Kauf, wenn sie sich vorher zum Probespielen angemeldet haben. Für interessierte Besucher wie uns ist genau hier Schluss.

8. LAWRENCE CEMETERY

Al führt uns zur letzten Station unserer Tour, zum Privatfriedhof der Familie Lawrence, Ecke 35th Street und 20th Road, nur ein paar Minuten von der Steinway-Fabrik entfernt. »Der Friedhof liegt in unserer direkten Nachbarschaft. Mein Freund Jim kümmert sich um das kleine Anwesen. Meine Töchter haben früher häufig hier mit seinen Töchtern gespielt. Auf einem Friedhof … naja, sieht ja auch eher aus wie ein Garten.«

Seit 1956 kümmert sich James (genannt Jim) Sheehan liebevoll um Pflege und Erhalt des kleinen Parks. Genau 400 Jahre zuvor, im Jahre 1656, wurde der Bürgermeister Thomas Lawrence als Erster an dieser Stelle beerdigt.

»Die Familie Lawrence war über die Jahrhunderte eine einflussreiche Familie. Der Stiefbruder von George Washington war zum Beispiel ein Lawrence«, erklärt uns Jim. »Als dieser Friedhof errichtet wurde, stand noch kein einziges Haus in der Nähe. Ruth Lawrence hat das Grundstück meinem Schwiegervater vererbt, der damals ihr Gärtner war, mit der Auflage, dass er und seine Nachkommen sich darum kümmern. Das tue ich jetzt schon seit über 55 Jahren.«

»Das Schild mit dem Gründungsdatum ist falsch«, sagt uns Jim Sheehan. »Den Friedhof gibt es bereits seit 1656, nicht wie hier geschrieben seit 1703. Alle Mitglieder der Familie Lawrence liegen hier, das letzte Grab ist von 1975.«

»Heute ist der Friedhof ein ›Historical Monument‹. Nichtsdestotrotz wurden hier seit Bestehen vier Grabsteine gestohlen«, erläutert Jim. »Was machst du mit so einem Ding?«, fragt er sich und uns.

FOUNDED
1703
DESIGNATED LANDMARK
NEW YORK CITY
LAWRENCE FAMILY GRAVEYARD
In this private cemetery are buried members of one of
America's most distinguished families. The first Lawrence
to be buried here was Major Thomas Lawrence in 1703
the last was Miss Ruth Lawrence in 1956. The roster
of family notables includes Major Jonathan Lawrence,
statesman, and soldier in the American Revolution

S A R

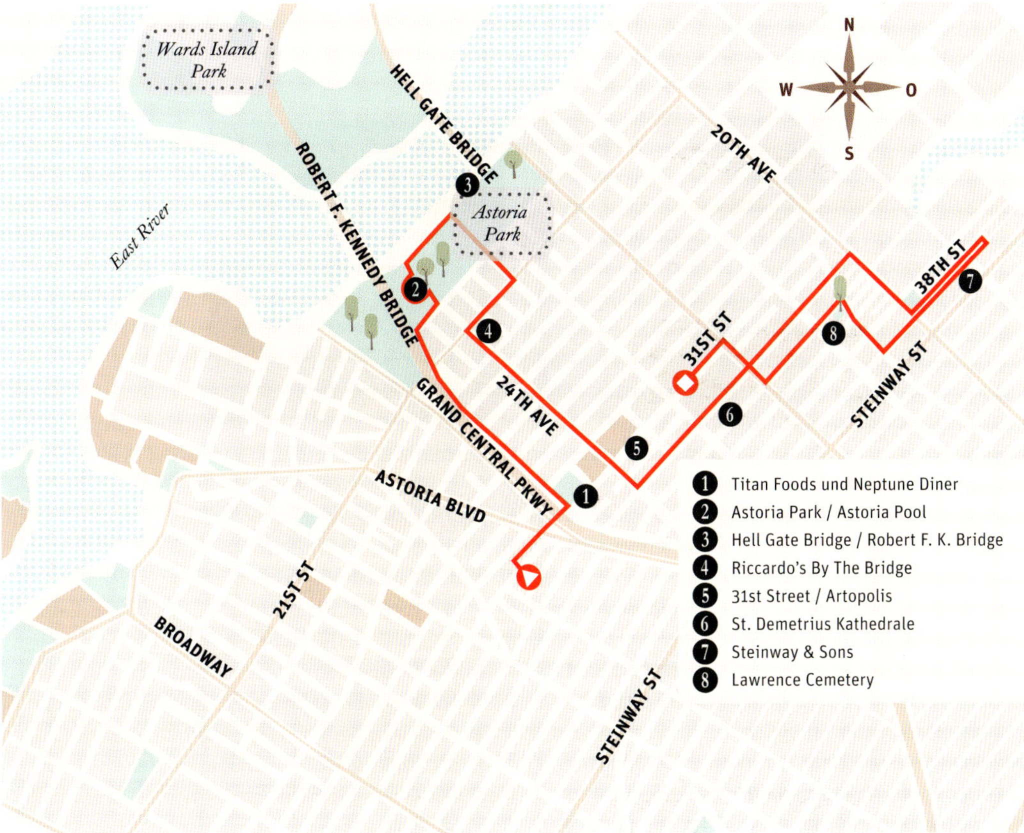

Die Tour mit Al und Nikki.

AL RIGGI UND NIKKI PADILLA

- Al wurde als Sohn eines italienischen Obsthändlers in Manhattan geboren; seine Enkelin Nikki genau 60 Jahre später, in Queens
- Al wuchs in der Eastside auf, bevor er mit seinen Eltern 1941 nach Astoria zog
- Er arbeitete nahezu sein gesamtes Berufsleben lang als Verkäufer bei Bloomingdale's
- Nikki hat als ›Puppenkrankenschwester‹ bei F.A.O. Schwarz, dem größten Spielwarenhändler der Welt, begonnen und betreut heute professionell Reisen, vor allem nach Italien
- Al ist seit 2005 Big Apple Greeter, seine Enkelin begleitet ihn, sooft es der Terminkalender erlaubt

STORE

8

MANHATTAN HARLEM

MIT CHAFIN ELLIOTT

FM MK

WILLKOMMEN IN HARLEM:

SCHWARZES MEKKA IM HOHEN NORDEN

Ein großer, schlanker Mann kommt lächelnd mit leicht tänzelndem Schritt auf uns zu, drückt uns zur Begrüßung fest an sich. Sein Auftritt, besonders die vollen, silbernen Locken, verleihen dem betagten Herrn Würde und Eleganz. »Hi, ich bin Chafin Elliott, und jetzt zeige ich euch, wo ich aufgewachsen bin.«

Wir sind gespannt auf Harlem und wollen den Stadtteil zwischen der 96th und der 155th Street gerne mit dem freundlichen Chafin entdecken. Harlem, dieser kleine Bezirk an der Nordspitze Manhattans, hat nur etwas mehr als 200.000 Einwohner; seine Vergangenheit ist verwoben mit schillernden und traurigen Episoden und Mythen von Aufstieg und Niedergang und der ewigen Hoffnung auf ein Happy End.

Als wir gleich zu Beginn zu einer Stärkung einkehren, öffnet Chafin seine abgewetzte Brieftasche und zeigt uns patinierte Schwarz-Weiß-Fotos mit einem bildhübschen Mannequin. »Meine Frau! Und das hier bin ich, als IT-Fachmann.« Beide gehörten damals in den 50er und 60er Jahren zur aufstrebenden Mittelschicht junger Schwarzer in Harlem mit Perspektive auf eine Karriere. Und wie viele andere zogen auch sie von hier weg, als sich ihnen die Chance bot.

»Viele Besucher, die in den 70er und 80er Jahren nach New York kamen, hatten Angst, bestimmte Teile von Harlem zu besuchen. Damals war das begründet! Ihr werdet aber sehen, solche Befürchtungen braucht man heute nicht mehr zu haben.« Chafin bereitet sich mit großer Sorgfalt auf seine Gäste vor, damit er Geschichte und Geschichten referieren kann. Zur Untermauerung hat er jedes Mal Lesematerial parat, das er den Besuchern freudig überreicht; darunter Sammlungen seiner liebsten Witze: »Das Leben ist viel zu kurz, you know, und Lachen ist so wichtig!«

Anfang des 17. Jahrhunderts kamen holländische Einwanderer hierher und gründeten Nieuw Haarlem gegen den Widerstand der damaligen Einwohner, der Lenape- und Manhattan-Indianer. Damals hieß New York noch Nieuw Amsterdam. Als die Engländer die Oberhand gewannen, wurde die Stadt in New York umbenannt und Haarlem verlor das zweite »a«. Heute dominiert die afroamerikanische Kultur den Stadtteil. Hier haben zum Beispiel die Musiker Harry Belafonte, Sammy Davis Jr., Moby, Alicia Keys oder auch P. Diddy ihre Wurzeln.

»Wer einen ganzen Tag mit mir durch Harlem gezogen ist, der hat hoffentlich gespürt, dass ich die Menschen hier sehr liebe. Aber ehrlich gesagt, liebe ich nicht nur die Menschen in Harlem. Ich mag eigentlich alle Menschen. Zur Erinnerung an unsere gemeinsame Zeit gebe ich jedem Gast ein Zertifikat der ›Soul Academy‹, vom Präsidenten dieser hochedlen Einrichtung persönlich unterzeichnet!« Chafin lacht. Auf der Urkunde prangt stolz seine eigene Unterschrift.

»Welcome to Harlem, USA.« Der Stolz auf die eigene Identität überspringt die beiden Verwaltungseinheiten City of New York und den Staat New York ganz einfach.

WELCOME TO HARIEM USA

1. DIE COLUMBIA UNIVERSITY

Die Columbia gehört zu den Hochschulen der berühmten amerikanischen Ivy League, deren Ruf weit über das Land hinausgeht. Chafin führt uns auf den weitläufigen Campus, der gesäumt wird von klassischen Statuen und griechischen Säulen. Einige Studenten sitzen betont lässig auf den Stufen, andere eilen zur nächsten Vorlesung. »So ruhig wie heute ging es hier nicht immer zu«, erklärt Chafin. »1968 tobte auch hier der Kampf um die Gleichberechtigung der Farbigen.«

Die Geschichte der ehrwürdigen Lehranstalt begann deutlich früher: 1754 wurde im Süden Manhattans zunächst das King's College durch die Engländer gegründet. Nach dem Unabhängigkeitskrieg suchte man einen neuen Namen und wählte die weibliche Personifizierung der USA: Columbia (der Name erinnert an Christopher Columbus – den neuzeitlichen Entdecker Amerikas). 1890 zog der Campus der Columbia-Universität nach West-Harlem und war kurz darauf eines der Gründungsmitglieder der besagten Ivy League, des Rings amerikanischer Spitzen-Universitäten. Sie ist die einzige, an der es eine journalistische Fakultät gibt. Daher erfolgt hier die Vergabe des berühmten Pulitzer-Preises für herausragende journalistische Leistungen.

Keine andere Institution ist mit mehr Nobelpreisträgern verbunden. Hier studierten mit Theodore Roosevelt, Franklin D. Roosevelt und Barack Obama auch drei US-Präsidenten und ebenso der frühere Chef der US-Notenbank, Alan Greenspan. Dwight D. Eisenhower war von 1948 bis 1953 Präsident der Universität, und an der Business School bildete sich unter anderen auch Warren Buffett, der Finanzguru aus Omaha, weiter.

»Heute leben und studieren auf dem Campus mehr als 25.000 Studenten. Die Verantwortlichen der Columbia suchen händeringend nach Möglichkeiten, das riesige Areal noch zu erweitern. Die Columbia boomt.«

Klassische Statuen und griechische Säulen prägen das Bild der Columbia-Universität und vermitteln den klassischen Bildungsanspruch der Elite-Hochschule.

2. ST. JOHN THE DIVINE

Chafin führt uns durch das östliche Tor der Universität, und wir biegen nach rechts ab. Die Straße gibt den Blick frei auf eine sehr große Kathedrale mit verstümmelten Türmen: Saint John the Divine.

Was den Bischof der New Yorker Episkopalkirche (ein Ableger der anglikanischen Kirche) bewogen haben mag, Ende des 19. Jahrhunderts den Plan zu fassen, hier in Harlem die größte Kirche der Welt zu bauen, weiß Chafin nicht. Allerdings erläutert er, dass die Fertigstellung des hehren An- sinnens schlicht und einfach an Geldmangel scheiterte. Deshalb ist die Kathedrale heute noch immer unvollendet, wovon vor allem die Turmstümpfe zeugen.

Gleichwohl ist St. John the Divine mit über 11.000 Quadratmetern Grundfläche, fast 500.000 Kubikmetern umbautem Volumen und einer Länge von 183 Metern die größte Kirche des amerikanischen Kontinents und die drittgrößte der Welt. Und wahrscheinlich ist sie die einzige, in der ein kleiner Altar des Pop-Art-Künstlers Keith Haring steht, der hier auf Metallplatten seine berühmten rundlichen Figuren und Formen eingraviert hat.

Die St. John the Divine, mit 183 Metern Länge die größte Kirche auf dem amerikanischen Kontinent.

RED ROOSTER
RED ROOSTER
Harlem
EST. 2010
RED ROOSTER
Harlem
BREAKFAST
LUNCH
BRUNCH
RED ROOSTER
Harlem

3. MALCOM X BOULEVARD UND RED ROOSTER

Nach dem kühlen Dunkel im Innern des gewaltigen Kirchenschiffs empfängt uns draußen wieder die Sonne auf einem Aussichtsplateau; wir genießen den wunderbaren Blick über Harlem. Chafins ausgestreckter Arm weist gen Osten: »Dort, in dem roten Bürohaus an der 125th Street, hat Bill Clinton seit 2001 sein New Yorker Büro.«

Über eine grandiose Treppenanlage und durch einen schattigen Park gelangen wir auf die Straßen von Harlem: »Die Straßen in Harlem sind die breitesten in ganz New York!«, freut sich Chafin. »Unsere Fußgänger-Promenaden sind fast so groß wie Tennisfelder.« In der Tat können wir an der Kreuzung 116th Street/Malcom X Boulevard kaum die gegenüberliegende Seite erkennen.

Von hier aus stoßen wir nordwärts ins Herz von Harlem vor: die Kreuzung Malcom X Boulevard und Dr. Martin Luther King Jr. Boulevard. »Hier im neuen schicken Red Rooster Restaurant sammelte Barack Obama bei einem Dinner Wahlkampfspenden von seinen wohlhabenden schwarzen Anhängern.«

Chafin ist stolz darauf, dass Harlem die Kehrtwende geschafft hat: »Es gibt mehr Touristen, mehr Berufstätige und mehr junge Familien. Entlang der 125th Street dürfen demnächst bis zu 19-stöckige neue Gebäude errichtet werden. Viele schwarze Traditionalisten meinen zwar, dass das das Todesurteil für das ›Schwarze Harlem‹ sei, weil das ursprüngliche und unverfälschte Element immer mehr verdrängt werde. Aber das muss man nicht so sehen.«

Die auch heute noch vergleichsweise niedrigen Immobilienpreise, die sehr guten Verkehrsanbindungen und die charmanten, über 100 Jahre alten Häuser ziehen immer mehr neue Bewohner an: »Dass es diese wunderbaren Brownstone-Häuser überhaupt noch gibt, liegt daran, dass zwischen 1910 und 1990 praktisch nichts Neues mehr in Harlem gebaut wurde. Das ist gut; aber es ist genauso gut, dass es nun wieder vorangeht in Harlem.«

Wir essen sehr lecker in angesagter Umgebung. In diesem Restaurant trifft sich die Prominenz, darunter Clinton und Obama. Jetzt sind wir hier, dank Chafin.

THEO. F.
HAR
2
B
ST

COAL
& 12

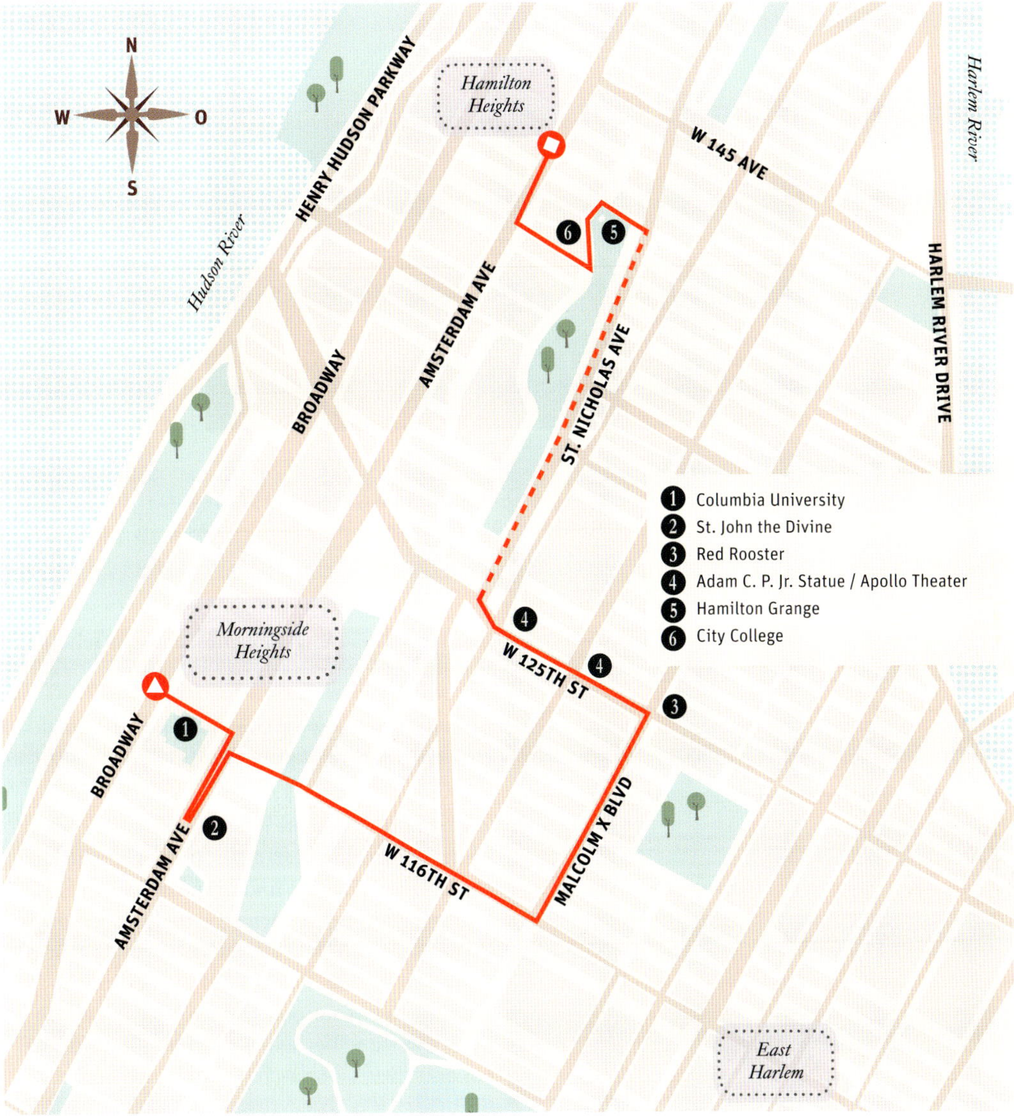

Die Tour mit Chafin.

CHAFIN ELLIOTT

- ist in Harlem geboren und dort aufgewachsen
- hat schon in den 50er Jahren als IT-Experte sein Geld verdient
- hat die Big Apple Greeter seit 1997 zunächst im Büro unterstützt
- ist seit 1999 selbst Greeter im Außendienst

ENID A. HAUPT CONSERVATOR
A World of Plants

9

THE BRONX

ARTHUR AVE. | ZOO
BOTANICAL GARDEN

MIT DAN ABATELLI

FM MK

WILLKOMMEN IN DER BRONX:

ERST SCHWEDISCHER BAUERNHOF, DANN INBEGRIFF VON KRIMINALITÄT, HEUTE QUIRLIGER MULTIKULTI-STADTTEIL – EINE BEWEGENDE GESCHICHTE

Was Dan Abatalli erlebt hat, ist typisch für die meisten New Yorker – von den Touristen ganz zu schweigen: »Obwohl ich mein Leben lang in New York gelebt habe, habe ich die Gegend um die Arthur Avenue erst sehr spät entdeckt ... und das auch eher zufällig.«

Dan war 1971 Geschichtslehrer an einer Highschool in der Süd Bronx; zum Abschluss des ersten Schuljahres luden die Kollegen ihn zur gemeinsamen Feier nach Little Italy ein. »Als ich denen erklärte, dass ich keine Lust hatte, den weiten Weg ganz in den Süden von Manhattan zu fahren, lachten mich die Kollegen aus. Das andere, das ›echte‹ Little Italy lag nur zehn Autominuten nördlich von unserer Schule! Ich war völlig von den Socken, dass es so was gab und ich nichts davon wusste.«

Auch für uns war der Ausflug in den hohen Norden der Stadt voller faszinierender Entdeckungen. Schon die Geschichte ist spannend: Die Bronx heißt so, weil hier im frühen 17. Jahrhundert die Farm des schwedischen Einwanderers Jonas Bronck stand. »Jeder, der zu Besuch kam, sagte damals: ›Come on, let's visit the Broncks.‹ Seitdem ist ›the Bronx‹ stolz, als einziger Stadtteil einen beigefügten Artikel im Namen zu tragen.«

Weniger stolz ist man auf die jüngere Vergangenheit: In den 1970er Jahren trieben Straßengangs ihr Unwesen und gaben der Bronx ihre unrühmliche, aber sprichwörtliche Bekanntheit. Der Name ist heute weltweit beinahe ein Synonym für offen ausgetragene Gewalt. Die Konsequenz: »Von den rund eine Million Bewohnern verließen über 400.000 den Stadtteil.« Viele der verlassenen Häuser wurden mutwillig angezündet, entweder von den Gangs oder von den Besitzern, um wenigstens noch die Versicherungsprämie einzustreichen. Aus den Anfang des 20. Jahrhunderts noch einigermaßen eleganten Wohnhäusern, in denen Menschen lebten, denen es in Manhattan zu eng wurde, entwickelten sich rasant ›Factories for Poverty‹. Großangelegte Mobilitäts-Projekte wie der Cross Bronx Expressway, der diesen Stadtteil auch heute noch wie eine klaffende Wunde durchschneidet, taten ihr Übriges.

Anfang der 1990er Jahre erlebte die Bronx ihre Wiederauferstehung. »Die Leute hatten die Kriminalität einfach satt!« Zunächst war es die Stadt, dann zunehmend private Investoren, die der Gegend zum neuerlichen Aufschwung verhalfen.

Die Einwohner leben heute wieder gerne hier, während Besucher nach wie vor selten den Weg ins neue Little Italy finden. Dabei gibt es für die, die sich auf den Weg machen, viel zu sehen: Der Zoo und der Botanische Garten sind wunderschön und zudem Oasen der Ruhe und Entspannung. Die Restaurants und Markthallen in Little Italy II wirken deutlich authentischer und italienischer als die des ›älteren Bruders‹ in Manhattan. Kulinarisch ist unser Trip hierher insofern großartig, und als wir nach dem Spaziergang in die Metro steigen, verabschiedet uns Dan mit den Worten: »Ladies und Gentlemen, Sie verlassen jetzt das kontinentale Amerika!« In der Tat, alle anderen Stadtteile New Yorks sind Inseln, einzig die Bronx ist mit dem Rest der Landmasse der Vereinigten Staaten verbunden.

100 YEARS
Cento Anni
WWW.
BRONX
LITTLE
ITALY
.COM

2. BRONX ZOO

Wer ein ganzes Stück die recht triste Hauptstraße entlangmarschiert, wird entschädigt durch das wunderschöne Art-déco-Design des Kupfertores zum Bronx Zoo. Er ist mit über 6.000 Tieren und 600 Tierarten der größte Stadt-Zoo der gesamten USA. Erfreulich: Mittwochs ist der Eintritt für alle Besucher das ganze Jahr über frei.

1899 errichtete die Wild Life Conservation Society das mit einer Million Quadratmetern gewaltige Gelände des Bronx Zoo; zuvor gehörte das riesige Anwesen einem Hersteller von Schnupftabak, dessen historische Mühle noch heute auf dem Zoogelände zu besichtigen ist. Und auch das erwähnte Kupfertor von 1924 oder der gleich dahinter liegende Rockefeller-Brunnen auf dem Astor Court sind wunderbare architektonische Zeugen einer Zeit, in der die Bronx noch der ›aufstrebende Spielplatz‹ der New Yorker High Society war.

Der Bronx Zoo ist für viele New Yorker ein beliebtes Ausflugsziel. Da zahlreiche New Yorker nur ungern weit reisen, empfinden sie die Tour in die Bronx schon als Fernreise. Auf unserem Weg mit Dan haben wir es lediglich bis zum schönen Art-déco-Portal geschafft.

ENID A. HAUPT CONSERVATORY

THE NEW YORK BOTANICAL GARDEN

3. THE NEW YORK BOTANICAL GARDEN

Dan Abatalli hat einen weiteren Park der Superlative auf dem Programm. Der New York Botanical Garden mit seinem großen Gewächshaus, den schönsten heimischen und exotischen Pflanzen und weitläufigen Parkanlagen verspricht Ruhe mitten in der umtriebigen Metropole. Zusammen mit dem Zoo bildet der botanische Garten einen grünen Erholungsgürtel.

Das große Gewächshaus ist schon architektonisch beeindruckend. Das Dach besteht aus 17.000 Glasscheiben. Von Raum zu Raum wird man durch verschiedene Klimazonen geführt. »Du marschierst von der Wüste in den tropischen Dschungel und bist im nächsten Moment in der Arktis; ich liebe diesen großartigen Ort«, schwärmt Dan und ergänzt dann: »Ich bin mir ziemlich sicher, dass es für euch kein Schwarzwaldklima gibt … aber das habt ihr ja zu Hause wieder.«

Mitten durch den Zoo und den botanischen Garten schlängelt sich der Bronx River. Mit 26 Meilen Länge ist das ein eher kleiner Fluss, der in den 1970er Jahren ähnlich wie seine namensgebende Umgebung sehr verschmutzt war. Mittlerweile ist er wieder sauber und bietet sogar dem New Yorker Wappentier, dem Biber, einen Lebensraum.

Man ahnt, dass ein Besuch in den wunderbaren Parkanlagen des New York Botanical Garden an einem strahlend sonnigen Tag ein wahres Highlight ist. Und ein besonderer Gegenpol zum klassischen New-York-Programm. »Das hier ist ein echtes unentdecktes Juwel in New York City, von dem die meisten Gäste der Stadt leider noch nie gehört haben.«

Pittoreske grüne Lunge: Naherholung pur, mitten in der verruchten Bronx.

4. FORDHAM UNIVERSITY

Vom Botanischen Garten ist es nur ein Katzensprung zum Haupteingang der ehrwürdigen Fordham University. Um auf den Campus dieser Elite-Universität (laut Rangliste war sie im Jahre 2010 die Nummer sechs der US-amerikanischen Unis) zu gelangen, ist neuerdings während der Vorlesungszeit eine Genehmigung erforderlich. Uns bleibt daher nur der Blick über den Zaun auf das weitläufige Gelände. Die Schauspieler Denzel Washington, Alan Alda und Amanda Seyfried und der exzentrische Milliardär Donald Trump, 2016 zum Präsidenten der USA gewählt, sind Absolventen von Fordham.

Ursprünglich um 1841 als St. Johns University vom ersten Erzbischof der USA, Bishop Hughes, gegründet, wurde die zunächst von Jesuiten geleitete katholisch-private Bildungseinrichtung 1905 dann in Fordham University umbenannt. Sie genießt heute vor allem einen sehr guten Ruf als Law-School.

Es gibt auf dem Campus ein paar denkmalgeschützte Gebäude im neogotischen und -griechischen Stil. Wer in New York lebt und hier studiert, bekommt einen Nachlass auf die Studiengebühr in Höhe von 5.000 Dollar.

Dan erzählt uns noch einen pikanten Hintergrund: »Während der schlechten Zeit in den 70er Jahren wollten viele Eltern wegen der Kriminalität nicht, dass ihre Kinder hier studieren. Dabei wurde Little Italy immer beschützt durch die Community – wenn ihr versteht, was ich meine.« Er räuspert sich dezent und erinnert für eine kurze Sekunde an Al Pacino.

Dans Tipp: »Hier können interessierte Besucher High-Level-College-Sport sehen. Die Fordham-Teams bieten hervorragenden College-Basketball, -Baseball und -Football für nur fünf Dollar Eintritt.« Beim nächsten Mal!

Vom Botanischen Garten ist es nur ein Katzensprung zum Haupteingang der Fordham University. Um auf den Campus zu gelangen, ist neuerdings während der Vorlesungszeit eine Genehmigung erforderlich. Daher linsen wir nur vorsichtig über den Zaun auf das weitläufige Gelände.

FORDHAM UNIVERSITY
ARTS
SCIENCE
PHILOSOPHY
MEDICINE
LAW
IHS
UNIVERSITAS FORDHAMENSIS
SAPIENTIA ET DOCTRINA
1841
FOUNDED 1841

Sons Bakery
BAKED GOODS
Addeo & Sons
ITALIAN BAKERY
PANE di CASA
ONE WAY
ONE WAY
186 ST
BRONX LITTLE ITALY

5. BRONX LITTLE ITALY

Am Ende unserer Runde mit Dan wird es wieder richtig italienisch. Das Little Italy der Bronx ist fast nur Insidern bekannt, und so ist die nicht auf Tourismus getrimmte Gegend um die Arthur Avenue mit ihrem Retail Market ein authentisches Highlight: großartige italienische Spezialitäten und tolle Läden, wie das 1915 gegründete Traditions-Lebensmittelgeschäft der Teitel Brothers.

Cappuccino und Dolce genießen wir dann aber ein paar Schritte weiter im Egidio Pastry Shop: dankbar für unseren lebenserfahrenen Greeter, der darum weiß, wie wichtig auch kulinarische Höhepunkte sind, vor allem, wenn man wie wir schon einige Meilen Fußmarsch hinter sich hat.

Der Regional-Markt wurde in den 1940er Jahren von Bürgermeister Fiorello LaGuardia gegründet (ja, der, nach dem der Flughafen in Queens benannt wurde), damit die fahrenden Händler mit ihren vollbeladenen Schiebekarren von den Straßen verschwanden. Offenbar ist das ›Befreien der Straße von irgendwas‹ ein immer wiederkehrendes Thema der Bronx.

Die Arthur Avenue ist eine kleine italienische Enklave. Die Bauarbeiten für den Zoo und den Botanischen Garten haben damals viele italienische Arbeiter hierhergebracht. Und so gibt es noch heute alles, was der geneigte Italien-Liebhaber sich nur wünschen kann: frischen Mozzarella und Provolone, alle Arten von Wein, Teigwaren, leckeres Brot und Desserts, deutlich niedrigere Preise als in Manhattan und vor allem sehr freundliche und gastfreie Restaurantbesitzer und Kellner. Dan ist in seinem Element: »Das echte, das unverfälschte Little Italy ist hier in der Bronx, nirgendwo sonst.«

Hier existiert ein verstecktes Little Italy, das weniger Touristen anzieht als das in Manhattan. Selbst viele New Yorker kennen die neue italienische Enklave in der Arthur Avenue (noch) nicht.

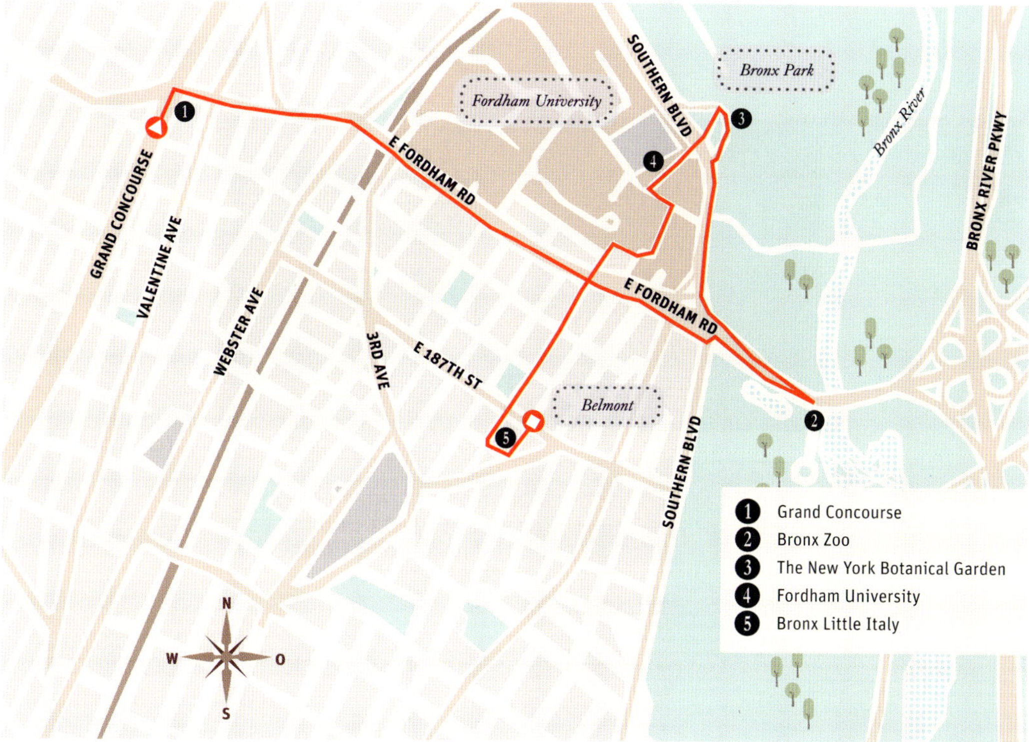

Die Tour mit Dan.

DAN ABATELLI

- lebt seit seiner Geburt in New York City
- lernte die Gegend um die Arthur Avenue 1971 durch einen Lehrerausflug zufällig kennen und liebt sie seitdem
- ist pensionierter Highschool-Lehrer für Geschichte
- lebt mit seiner Frau in der South Bronx
- bedauert, dass es in New York nur Hochhäuser, aber keine Berge gibt

227
227

Wolfgang's Steakhouse, ein bisschen wei
lich in der Greenwich Street, hat uns das
im Mund zusammenlaufen lassen. »Imme
dieser Wolfgang Einwanderer aus Deutsc
und kann euch sicher mit leichtem Akzen

10

MANHATTAN TRIBECA

MIT BETTY HELLER

TJ DR

Die meisten, die sich nach Tribe
entdecken zwangsläufig etwas N
wenigsten Touristenpfade führe
Ecke. Tribeca (Triangle below C
das Gebiet zwischen der Canal S
dem World Trade Center im Süde
im Westen und dem Broadway im
unserer Runde ergänzt Betty Hel
Westen um den Rockefeller Park,
Promenadenweg direkt am Ufer
River. »Damit ist das Dreieck zwa
genommen kein Dreieck mehr, abe
sicht kann ich euch wirklich nicht v

Der erste Blick aus dem Fenster ve
Gutes. Graue Suppe mit leichtem
Doch dieser Tag beweist, dass New
trübem Wetter viel Spaß macht, we
einer Begleiterin unterwegs ist, die
erzählen hat und die Liebenswürd
son ist. Wir holen Betty vor ihrem
der Nähe des Rockefeller Parks ab.
Hudson macht hier einen markanten
mündet in einen schönen Parkstreife
uns durch den Park schnurstracks zu
ger Memorial, ein kleines Stück weit
»Das hier ist eine der einfühlsamsten
ten, die ich kenne. Das Denkmal führ
schen durch die Hülle eines original
Cottages in einem Bogen auf eine A
mit original irischen Blumen bepflan
den Blick freigibt auf die Freiheitssta
Ellis Island, wo die Iren damals alle a
sind. Die Anlage hat mich tief bewegt
Umso mehr bedauern wir, dass kurz
rem Besuch ein Fähranleger gebaut w
jetzt einen Teil dieses wunderbaren A
verstellt.

Die Ästhetik der Finanzbranche: In den Bürohaus-Giganten am Rande von Tribeca werden die Weltfinanzen verwaltet.

10

MANHATTAN TRIBECA

MIT BETTY HELLER

TJ DR

WILLKOMMEN IN TRIBECA:

WER KOMMT MIT ZUM DREIECK UNTERHALB DER KANALSTRASSE?

Die meisten, die sich nach Tribeca aufmachen, entdecken zwangsläufig etwas Neues, denn die wenigsten Touristenpfade führen durch diese Ecke. Tribeca (Triangle below Canal Street) ist das Gebiet zwischen der Canal Street im Norden, dem World Trade Center im Süden, dem Hudson im Westen und dem Broadway im Osten. Auf unserer Runde ergänzt Betty Heller Tribeca im Westen um den Rockefeller Park, einen Promenadenweg direkt am Ufer des Hudson River. »Damit ist das Dreieck zwar streng genommen kein Dreieck mehr, aber hey, diese Aussicht kann ich euch wirklich nicht vorenthalten.«

Der erste Blick aus dem Fenster verhieß nichts Gutes. Graue Suppe mit leichtem Nieselregen. Doch dieser Tag beweist, dass New York auch bei trübem Wetter viel Spaß macht, wenn man mit einer Begleiterin unterwegs ist, die Spannendes zu erzählen hat und die Liebenswürdigkeit in Person ist. Wir holen Betty vor ihrem Apartment in der Nähe des Rockefeller Parks ab. Der Fußweg am Hudson macht hier einen markanten Knick und mündet in einen schönen Parkstreifen. Betty führt uns durch den Park schnurstracks zum Irish Hunger Memorial, ein kleines Stück weiter südlich. »Das hier ist eine der einfühlsamsten Gedenkstätten, die ich kenne. Das Denkmal führt die Menschen durch die Hülle eines original irischen Cottages in einem Bogen auf eine Anhöhe, die mit original irischen Blumen bepflanzt ist und die den Blick freigibt auf die Freiheitsstatue und auf Ellis Island, wo die Iren damals alle angekommen sind. Die Anlage hat mich tief bewegt.« Uns auch. Umso mehr bedauern wir, dass kurz nach unserem Besuch ein Fähranleger gebaut wurde, der jetzt einen Teil dieses wunderbaren Ausblicks verstellt.

»Schließt die Augen und stellt euch das Gesicht von Robert De Niro vor. Das hier ist seine Ecke von New York.« Der Schauspieler De Niro hat diese kleine Gegend im Westen von Manhattan nachhaltig geprägt. Sein Tribeca Film Festival bescherte der Gegend weltweite Aufmerksamkeit, sein Greenwich Hotel, sein Restaurant Tribeca Grill (mit bemerkenswerten Bildern aus der Hand seines Vaters an den Wänden) und diese Straßen, die einem das Gefühl vermitteln, dass der Akteur gleich wie in einem seiner New-York-Streifen um die Ecke biegen könnte, tun ein Übriges. »Früher, als Tribeca noch Washington Market Area hieß, war das ein Industriebezirk. Heute kommen die Leute wegen der vielen hervorragenden Bars, Lokale und Kunstgalerien. Die Backsteingebäude mit ihrer Gusseisen-Architektur, mit ihren historischen Fassaden und Schildern, das ist schon sehr schön. Vintage-Design passiert hier quasi von ganz alleine. Vor allem die Greenwich Street und ihre Nebenstraßen wie die Jay Street oder die Harrison Street, teilweise noch mit Kopfsteinpflaster, sind sehr, sehr hübsch«, schwärmt Betty von ihrer Wohngegend.

In der Sammlung unserer Spaziergänge ist Tribeca eine der kompaktesten Runden, weil das Gebiet per se nicht so weitläufig ist wie manch anderer Bezirk. In Tribeca hat man das Gefühl, das ›alte New York‹ mit seinen Feuerwehrleitern und Backsteinfassaden in höchster Dichte zu erleben. Die großartigen und vielfach wunderschön gestalteten Restaurants und Cafés versüßen einem den Besuch im Wortsinn. Und – alle Vegetarier und Veganer bitte mal weghören – besondere Lust haben uns die Steakhäuser in der Greenwich Street gemacht: De Niros Tribeca Grill bietet hier Spezialitäten an, und auch

Wolfgang's Steakhouse, ein bisschen weiter nördlich in der Greenwich Street, hat uns das Wasser im Mund zusammenlaufen lassen. »Immerhin ist dieser Wolfgang Einwanderer aus Deutschland und kann euch sicher mit leichtem Akzent seine persönliche Vom-Tellerwäscher-zum-Millionär-Geschichte erzählen«, lacht Betty. Sie freut sich sichtlich, dass sie uns den Erfolg eines waschechten Deutschen in New York präsentieren kann.

1. ROCKEFELLER PARK

Wir treffen Betty Heller in der Chambers Street, ein paar Meter vor dem Rockefeller Park. »Als Erstes zeige ich euch meinen Park; ich wohne gleich um die Ecke und hole mir hier meine Entspannungseinheiten.« Obwohl es heute nicht aufhören will zu nieseln, sind Jogger unterwegs und Nannies mit Kinderwagen eilen auf den Wegen des kleinen Parkstreifens ihren Zielen entgegen. Die Lage des Parks ist beeindruckend. Nach vorne blickt man über das hier bereits breiter werdende Delta des Hudson auf die andere Seite des Flusses; nach hinten türmt sich die erste Lage der gewaltigen Skyline auf. Und mittendrin ein pittoresker Grünstreifen mit liebevollen Details, kleinen Teichen, seltenen Bäumen und Pflanzen, großzügigen Wiesen und Raum zum Durchatmen. »Wenn das Wetter besser ist, ist rund um die Uhr was los. Ganz viele New Yorker kommen hierher, um kurz abzuschalten, Sport zu treiben, den Ausblick zu genießen.« Als wir Betty sagen, dass es uns erstaunt, dass offenbar noch kaum Touristen diesen schönen Fleck entdeckt haben, lächelt sie: »Wisst ihr, New York hat enorm viele laute Attraktionen, in deren Windschatten solche Schätze unentdeckt bleiben.«

Der Blick nach New Jersey und in das Hafenbecken von New York ist vom Rockefeller Park besonders beeindruckend. Wenn man sich hier umdreht, steht man vor der massiven Wand zahlloser Skyscraper.

2. HUDSON RIVERSIDE

»Alles, was ihr da drüben seht, ist New Jersey, die meisten Gebäude stehen in Jersey City. Auch die Freiheitsstatue gehört ja geografisch nicht zu New York, sondern steht auf dem Territorium von New Jersey.«

Unsere Blicke wandern von der Stadtbebauung im Norden zu den Hafengebäuden im Süden. New York lässt einen mit seiner pulsierenden Urbanität leicht vergessen, dass die Stadt ja eine bedeutende Hafenstadt ist. Hier gibt es zwar wenig Seemanns-Romantik, aber der Reichtum und die Bedeutung der Stadt gehen auch auf die exponierte Lage des Hafens zurück. Mittlerweile liegen die großen Übersee-Betriebe mit ihren Container-Burgen weiter südlich auf der Seite von New Jersey.

»Vielleicht liegt der Grund dafür, dass hier kaum See-Sentimentalität kultiviert wird, darin, dass New York für die meisten Menschen das Ziel und nicht der Ausgangspunkt ihrer Reise war. Wer vom Neuanfang träumte, hatte diese Stadt im Sinn. Viele tun das ja auch heute noch. Kommt mit, ich zeige euch etwas Wunderbares.«

Wer joggende New Yorker außerhalb des Central Parks sehen möchte, wird hier fündig. Die schon von Billy Joel besungene ›Hudson Riverside‹ ist die Renn-, Radel- und Inline-Strecke der New Yorker.

3. IRISH HUNGER MEMORIAL

Am südlichen Ende des Parks zeigt uns Betty einen flachen Bau, dessen Funktion sich nicht auf den ersten Blick erschließt. Die horizontal gestreifte Fassade öffnet sich an einer Stelle zu einem Gang ins Innere des Gebäudes. Durch den futuristisch beleuchteten Eingang gelangen wir in ein irisches Cottage, dessen Dach allerdings fehlt, was den Blick in den Himmel ermöglicht. »Das ist übrigens echt. Genau dieses Haus hat bis vor kurzem in Irland gestanden.« Der Weg führt aus dem Haus heraus auf einen gewundenen Naturpfad, der durch eine blühende Wiese geht, bis man am Ende der ›Schanze‹ anlangt und über den Hudson auf Ellis Island und die Freiheitsstatue schaut. »Die Iren sind ja nicht freiwillig nach Amerika gekommen. Sie haben ihre Heimat verlassen, weil dort große Hungersnot herrschte. Diese Gedenkstätte erinnert die New Yorker mit irischen Wurzeln daran, wo sie herkommen, und zeigt ihnen die ersten markanten Punkte, die ihre Vorfahren zu Gesicht bekommen haben: die Einwanderungsinsel Ellis Island, wo jeder Immigrant registriert wurde, und die Freiheitsstatue im Hafenbecken. Ansonsten sieht man, auf dieser Wiese stehend, nichts. Kein Hochhaus, keine U-Bahn-Station … nur den Fluss und diese beiden kleinen Inseln.« Es macht die Gedenkstätte selbst nicht weniger beeindruckend, doch kurze Zeit nach unserem Besuch hat sich eine neue Anlegestelle der New York Waterways in den bis dato unverstellten Blick geschoben. Dazu passt ein weiterer Kommentar von Betty: »Sich die Skyline hinter uns vom Boot aus anzuschauen ist ein hervorragender Plan. Geht aber bloß nicht auf die teuren Touri-Schiffe. Die Linienboote und Water-Taxis zeigen euch genau dieselbe Skyline.«

Das Irish Hunger Memorial präsentiert sich während unseres Besuchs bei authentisch irischem Wetter. Es nieselt, während wir durch ein original irisches Cottage und eine original irische Blumenwiese zur Aussichtsplattform auf dem Dach des Denkmals spazieren.

4. WORLD FINANCIAL CENTER MIT WINTERGARTEN

Als wir zu unserer nächsten Station, dem World Financial Center, aufbrechen, führt Betty uns durch die gewaltige Halle des Conrad Hotels, vor dem das Hunger Memorial liegt. »Hier kann man natürlich einfach so rein, wie in jede Hotel-Lobby nebenbei gesagt. Das Conrad hat immer großartige Kunst in der Lobby, die genießen wir jetzt im Vorbeigehen.«

Das World Financial Center ist ein großer Gebäudekomplex, der mittlerweile durch die neue U-Bahn-Station direkt mit dem World Trade Center auf der anderen Seite der West Street verbunden ist. »Ich liebe diesen riesigen Wintergarten mit dem großen Foodcourt. Für eine Amerikanerin gehören gut gemachte Malls einfach zur eigenen Kultur dazu. Und dieser lichte Bau ist so einladend, dass ich hier gerne ab und zu das gute und günstige Angebot nutze.«

Nachdem wir am anderen Ende wieder aus dem prächtigen Bau herausgetreten sind und die mehrspurige West Street überquert haben, tauchen wir ein in das historisch anmutende Tribeca. Wir spazieren durch die Vessey Street und den West Broadway; an der Kreuzung mit der Chambers Street lässt Betty uns kurz nach rechts schauen. Da liegt das Cosmopolitan Hotel, das seit 1838 besteht und eines der ältesten noch betriebenen Hotels der Stadt ist. Der Baustil ist sehr typisch für die Ecke hier. »Und dort«, sie deutet mit dem Arm nach links, »liegt der Bogardus Park. Der ist dreieckig und ehrlich gesagt ziemlich unbedeutend. Aber er erinnert an den Architekten James Bogardus. Der hat die Gusseisen-Fassade erfunden, die hier heute immer noch an vielen Stellen zu sehen ist.«

Wir passieren den Duane Park, witzigerweise auch in Dreiecksform, und lernen, dass im 17. Jahrhundert an dieser Stelle eine Farm stand. Wir kommen am Washington Market Park vorbei, wo Betty uns wissen lässt, dass dieser Fleck das Zentrum des New Yorker Gemüsegroßmarktes war, bevor die gesamte Branche in die Bronx gezogen ist.

Immer wieder erläutern uns die Greeter bei den Spaziergängen die Geschichte ihrer Stadt anhand der kollektiven Bewegungen von Bevölkerungsschichten, Branchen und Nationalitäten von A nach B.

Kunst und bequeme Sitzgelegenheiten in der Lobby des Conrad Hotels, Palmen im Wintergarten des World Financial Centers: Die Gebäude am Ufer des Hudson lassen einen spüren, dass man sich hier im wohlhabenden Teil der Stadt befindet.

noodle
palooza
10

Die Sky Bridge in der Staple Street bietet sich als Kulisse für den nächsten Mafia-Streifen mit Robert De Niro an. Der Ausnahmeschauspieler mit italienischen Wurzeln hat Tribeca in vielerlei Hinsicht seinen Stempel aufgedrückt.

5. STAPLE STREET MIT DER SKY BRIDGE

Die Staple Street ist eine schmale Gasse, die die Jay Street mit der Harrison Street verbindet. Wie ein Standbild aus einem Mafia-Film mutet diese Gasse an. »In der Tat ist hier viel Blut geflossen. Diese Straße hatte früher einen schlechten Ruf. Anständige Menschen haben einen Bogen darum herumgemacht. Viel zu gefährlich«, erzählt Betty, als ob auch heute noch im nächsten Moment der Pate und sein finsteres Gefolge um die nächste Ecke biegen könnten. Was die Straße bemerkenswert macht, ist die kleine Brücke mit dem großen Namen Sky Bridge, die sich auf Höhe des zweiten Stockwerks vom sogenannten House of Relief (einem ehemaligen Krankenhaus) zu den Stallungen auf der anderen Straßenseite spannt. »Wäre die Gasse nicht so verborgen, würde es dieses Kleinod heute nicht mehr geben. Das Ding ist den Immobilienhaien einfach entgangen. Heute ist man froh, dass es diesen venezianischen Anblick hier noch gibt«, freut sich Betty. »Ich frage mich nur, wie man da hinaufkommt. Sie diente, glaube ich, den Totengräbern, die die Leichen über die Brücke getragen und dann zum Friedhof gefahren haben. Ich würde einiges drum geben, wenn ich die Brücke mal betreten dürfte. Vielleicht muss ich mal einen Totengräber kennenlernen …«

Seit den frühen 80ern gibt es das Odeon mit seinem roten Neonschriftzug. »In der extrem schnelllebigen New Yorker Gastronomieszene ist das hier ein absoluter Klassiker«, schmunzelt Betty.

6. HARRISON STREET

Wir biegen ab in die Harrison Street, überqueren die Greenwich Street und sehen zur Linken eine Gruppe offensichtlich sehr alter Backsteinhäuser. »Diese Gebäude wurden alle um 1820 errichtet. Wenn wir um die Ecke gehen, seht ihr, dass sie einen gemeinsamen Innenhof haben. Hier erkennt man deutlich den Baustil der flämischen Einwanderer. Zuerst waren das Wohnhäuser, dann wurden sie während der Großmarktzeit als Kontorgebäude genutzt, und jetzt wohnen wieder Menschen hier. Die Miete soll fürstlich hoch sein, habe ich gehört.« Betty liebt dieses historische Ensemble sehr, so viel steht fest. »Es ist ein Wunder, dass diese Häuser noch stehen. In New York schlägt das Neue sonst fast immer das Bestehende.«

Häuser aus dem Jahre 1820 sind in den USA eine Rarität; vor allem, wenn sie so gut erhalten sind wie das Ensemble ehemaliger Kontorgebäude im flämischen Stil, das in der mit Kopfsteinpflaster belegten Harrison Street zu sehen ist.

7. GREENWICH STREET

Zurück in der Greenwich Street sind wir in De Niro-Country. »Wenn man in Tribeca eine typische Straße sehen will, um ein Gefühl für die Gegend zu bekommen, dann diese. Kein Zufall, dass De Niro hier seinen Tribeca Grill, ein großartiges Steakhouse mit riesigem Weinkeller, und sein Greenwich Hotel betreibt.« Der Mann hat Stil und Dezenz; wer seine Filme und sein Auftreten verfolgt, ahnt das. Allerdings gehört sein Hotel mit 88 Zimmern, zwölf Suiten, einem Penthouse und dem wunderbaren Spa mit großem Swimmingpool im Keller in die Kategorie exklusive Boutique-Hotels. »Wer keine zwei Oscars hat wie Robert, muss sich schon gut überlegen, ob er sich für diese Unterkunft entscheidet. Aber ein Essen im Tribeca Grill ist allemal ein Erlebnis. Im Hotel und im Restaurant seht ihr übrigens Ölgemälde. Alle von De Niros Vater, Robert senior«, weiß Betty, die dessen abstrakt-expressionistischen Stil sehr mag.

Ein bisschen weiter nördlich gibt es mit Wolfgang's Steakhouse ein weiteres Highlight für Freunde eines gepflegten Rindersteaks. Gerade dieses Restaurant erzählt zudem eine typische New Yorker Einwanderergeschichte. Der Deutsche Wolfgang Zwiener war ursprünglich Chefkellner in Peter Luger Steak House in der Driggs Avenue im Stadtteil Williamsburg, einer Institution in New York (die meisten sagen: das beste Steakhaus der Stadt). Weil sich seiner Meinung nach das Restaurant zu sehr auf den Lorbeeren der Vergangenheit ausruhte, machte er sich selbstständig; mittlerweile lässt er an mehreren Standorten Steaks braten. Übrigens war auch Peter Luger ein deutscher Einwanderer. »Wir wussten gar nicht, dass wir Deutschen solche Steakexperten sind«, witzeln wir. »Das seid ihr auch nicht«, lächelt Betty zurück. »Die beiden Männer sind erst hier gut geworden.«

In der Greenwich Street findet man mit dem Greenwich Hotel und dem Tribeca Grill zwei Lokalitäten, die Robert De Niro gehören. Als Hotelier und Restaurantbesitzer kann man dem Oscar-Preisträger nur zu seinem elegant-zurückhaltenden Stil gratulieren.

8. CHAMBERS STREET MIT TWEED COURTHOUSE

Betty schlägt vor, uns zur U-Bahn-Station an der City Hall zu bringen. »Wir nehmen die Chambers Street, dann kann ich euch noch das Tweed Courthouse zeigen. Dieser Typ ist superskurril; über den müsst ihr unbedingt mal lesen.« William ›Boss‹ Tweed war auf den ersten Blick Politiker, Stadtrat und Abgeordneter des US-Repräsentantenhauses, bei genauerer Betrachtung aber einer der korruptesten Verbrecher seiner Zeit. »Die Kosten für das nach ihm benannte Gerichtsgebäude waren ursprünglich auf 250.000 Dollar veranschlagt. Am Ende hat es den Steuerzahler mehr als zwölf Millionen Dollar gekostet, und fast alles ist in die Taschen von Tweed geflossen. Der Mann hat aus seiner Korruption nicht mal ein Geheimnis gemacht, sondern sich für seine Cleverness sogar noch feiern lassen. Irgendwann ist alles aufgeflogen, und er ist geflohen. Nach Kuba!« Es ist bezeichnend für unsere sehr angenehme Runde, dass wir uns mit lautem Lachen voneinander verabschieden. »Ich habe früher ja auch Bücher gemacht. Für eures wünsche ich das Allerbeste. Ich habe mich bemüht, heute ein paar Stories beizutragen!« Großartig, wie Betty Heller es versteht, persönliche Geschichten und die Geschichte von Tribeca zu allerbestem Infotainment zu mischen. Ein toller Spaziergang trotz miesem Wetter.

Das Tweed Courthouse hat seinen Ursprung in Zeiten, in denen Korruption in New York noch sehr offen gehandhabt wurde: Boss Tweed ließ sich für seine Cleverness von den New Yorkern feiern, bevor er über sein gewagtes Spiel stürzte.

Die Ästhetik der Finanzbranche: In den Bürohaus-Giganten am Rande von Tribeca werden die Weltfinanzen verwaltet.

11

MANHATTAN UPPER WEST SIDE

MIT BARBARA TOMANELLI

TJ DR

WILLKOMMEN IN DER UPPER WEST SIDE:

DER ORIGINALSCHAUPLATZ DER *WEST SIDE STORY* IST AUCH HEUTE NOCH BERÜHMT FÜR SEINE GROSSEN BÜHNEN

Die New Yorker Metropolitan Opera gehört zu den berühmtesten Opernhäusern der Welt. Wer hier gesungen hat, hat es geschafft. Genau hier, wo heute das Opernhaus steht, hat Leonard Bernstein seine *West Side Story* Anfang der 60er stattfinden lassen. Die Straße, in der die Jets und die Sharks immer wieder aufeinanderprallten, in der die Liebe von Maria und Tony aufblühte und ihr tragisches Ende fand, gab es wirklich. »… bis zu dem Moment, als die Bagger angefangen haben, die Baugrube für die Met auszuheben«. Barbara ist sichtbar erfreut, dass sie uns mit dieser Geschichte gleich zu Beginn in Erstaunen versetzen kann. Dass die ehrwürdige Oper dem Schauplatz jugendlicher Prügelei zweier Straßengangs heute ein dauerhaftes Denkmal setzt, ist aber auch wirklich kurios. Als wir diese erste von vielen Geschichten hören, stehen wir mit der freundlichen Dame auf einem großen Platz und müssen uns in den ersten Minuten unserer Begegnung eigentlich nur einmal im Kreis drehen, so nahe liegen die ersten Stationen beieinander. »Ich bin momentan nicht so gut zu Fuß, das passt hier perfekt zu mir«, lacht sie selbstironisch.

Die Upper West beginnt mit dem Columbus Circle im Süden und wird in Richtung Norden vom Broadway durchzogen, auf dessen Westseite das Lincoln Center die kulturelle Mitte der West Side bildet. Oper, Ballett und Symphonie sind im Dreieck um die Wasserspiele des Platzes angeordnet, auf dem wir gerade stehen. Die weltbekannte Juilliard Schauspiel- und Musikschule liegt einen Steinwurf entfernt. Hier haben Kevin Spacey, Miles Davis oder auch Pina Bausch die Schulbank gedrückt und von hier aus ihre Weltkarrieren gestartet. Ein paar Blocks weiter nördlich, Höhe 74th Street, schließt sich das Beacon Theatre an, in dem so ziemlich jeder Künstler und jede Band von Weltruf schon mal konzertiert hat. Gesäumt wird der Broadway rechts wie links von unterschiedlichsten Geschäften. »Die Gegend und die Leute, die hier leben, bringen es mit sich, dass man auch ganz gut einkaufen kann«, lässt Barbara uns wissen und empfiehlt unterwegs viele der kleinen, teilweise sehr individuellen Boutiquen, die sich angesiedelt haben.

Die Upper West Side erstreckt sich östlich bis zum Central Park, an dem mit dem Dakota Building ein weiteres Denkmal der Musikgeschichte steht. Vor dem Eingang seines damaligen Wohnhauses wurde am 8. Dezember 1980 John Lennon von einem fanatischen Anhänger erschossen, seine Witwe Yoko Ono lebt noch heute in dem Gebäude. »Viele wohlhabende Menschen ebenso«, weiß Barbara.

Von hier aus am Parkrand weiter in Richtung Norden gehend, erreicht man auf der Höhe 79th Street das American Museum of Natural History. Nach dem großartigen Auftakt des Spaziergangs sind wir nun an einer weiteren Institution des amerikanischen Kulturbetriebs angekommen. »In der Upper West findet man zwar nicht so wahnsinnig viele sehenswerte Highlights wie an anderen Stellen der Stadt, aber das, was wir haben, ist eben einfach Spitze.«

See what's
possible
Upper West
with a free financi
© 2012 Wells Fargo Bank, N.A. All rights reserved. Member FDIC.

1. DAS LINCOLN CENTER (OF THE PERFORMING ARTS) MIT DER METROPOLITAN OPERA

Wir treffen Barbara am Brunnen vor der Metropolitan Opera. Während sie sich mit uns zusammen quasi auf dem Absatz einmal um die eigene Achse dreht, erklärt sie, dass dieser Brunnen gleichzeitig auch vor dem Gebäude des renommierten New York City Ballet und der ebenfalls mit Weltruhm ausgestatteten New Yorker Philharmonie steht. »Das Lincoln Center konzentriert das Beste, was New York in den klassischen Künsten zu bieten hat.«

An dieser Stelle kann man kaum übertreiben, wenn man die Welt als Bezugsraum anführt. Die Dichte an Hochkultur ist in der Tat einmalig.

Und wie bereits erwähnt: Als Tony und Maria, die moderne, die New Yorker Version von Romeo und Julia, sich zusangen »There is a place for us«, standen sie an eben diesem Ort, bevor er zu dem wurde, was er heute ist.

Barbara führt uns über den weitläufigen Platz an einem zweiten Wasserbassin vorbei, in dem in der Mitte die abstrakte Plastik von Henry Moore mit dem schönen Titel *Sich zurücklehnende Figur* (Reclining Figure) badet.

Die »Met« gilt als der Rockstar unter den Opernhäusern; selbst Jugendliche sind vom Ambiente des Kulturtempels fasziniert, so dass das Publikum vielfach ein sehr gemischtes ist.

2. DIE JUILLIARD-SCHAUSPIEL- UND -MUSIKSCHULE

Noch vor dem Wasserbecken stehend, weist Barbara uns darauf hin, dass rund um das Lincoln Center überall freier Zugang zu WiFi angeboten wird. Und dann deutet sie, nicht ohne Ehrfurcht, auf das Gebäude auf der anderen Straßenseite. »Die Juilliard School hat große Künstler hervorgebracht. Robin Williams, den Schauspieler, und Kevin Spacey, Laura Linney oder Superman Christopher Reeves …« Die Liste der Juilliard-Absolventen liest sich wie ein *Who's who*-Register. Der Dirigent James Levine lernte hier, der Cellist Yo-Yo Ma, der Geiger David Garrett, Filmkomponist John Williams, aber auch der frühere Notenbankchef Alan Greenspan. »Der muss sich wohl verirrt haben. Entweder hierher oder danach«, scherzt Barbara.

Auch heutzutage mühen sich Tausende von Kandidaten um die heiß begehrten Plätze der Schule. »Im Sommer wimmelt es hier nur so von Studenten, viele sehr spannende Charaktere, denen man oft anmerkt, dass sie Künstler sind.«

Der kleine Park neben der Met lädt mit den vielen Sitzgelegenheiten und den kleinen, feinen Cafés zu einer Pause ein.

Sich zurücklehnende Figur heißt die Plastik von Henry Moore im flachen Wasserbassin neben der Met.

Die Liste der Juilliard-Abgänger ist unglaublich: Wer hier sein Handwerk lernt, hat oft eine große Karriere vor sich.

Einen guten Hotdog zu fabrizieren gilt in New York als Kunst. »Wenn ihr einen von Gray's Papaya probiert habt, wisst ihr, was ich meine«, sagt Barbara. Nach der Stärkung geht es zu den nächsten Ikonen: Der Feinkostladen Zabar's und das Beacon Theatre sind beide Weltstars ihrer Gattung.

3. DER BROADWAY (59TH BIS 110TH STREET) MIT GRAY'S PAPAYA, BEACON THEATRE UND ZABAR'S

Wir schlagen den Weg in Richtung Norden auf dem auch hier diagonal verlaufenden Broadway ein. Der insgesamt über 50 Kilometer lange ›breite Weg‹ erstreckt sich über 21 Kilometer durch Manhattan und war ursprünglich ein Indianerpfad. Später dann ein Handelsweg der Siedler aus Holland. »Heute ist der Broadway die Lebensachse der Stadt.«

Auf der Höhe 72nd Street wechseln wir die Straßenseite. »Ein Hotdog geht immer«, fordert Barbara uns auf. »Und die von Gray's Papaya sind die besten.« Wir wissen nach einigen Begegnungen, dass der New Yorker den Superlativ liebt, hören in den kommenden Tagen aber immer wieder, dass der Hot Dog von Gray's Spitzenklasse sei. Und in der Tat: Selbst in der triefenden Variante mit einer dicken Portion Sauerkraut schmeckt das Würstchen im Brot sehr lecker; wir Deutschen fühlen uns beinahe wie zu Hause.

An der Doppelkreuzung des Broadway mit der Amsterdam Avenue und der 72nd Street laufen wir dann mampfend und tropfend an der imposanten Metro-Station vorbei. »Very nice«, schmatzt Barbara.

Zwei Blocks weiter führt sie uns in den Eingangsbereich des alten Beacon Theatre. »Hier haben sie alle gespielt!« »Wer denn so zum Beispiel?« »Alle! Also wirklich alle. Das ist eine der Hallen, hinter der jede Band ihr Häkchen setzen will.« Aha. Und viele haben gleich Kameras mitlaufen lassen: Eric Clapton, Duran Duran oder die Rolling Stones, die hier ihren Konzertfilm *Shine a light* unter der Regie der New Yorker Ikone Martin Scorsese gedreht haben. Dabei ist das wunderschöne Art-déco-Theater mit der großartigen Akustik 1929 ursprünglich als Kino an den Start gegangen.

Das eigentliche Highlight für Barbara ist allerdings der Feinkostladen Zabar's, gegründet von Louis Zabar. Das Delikatessenparadies beschreibt sie als perfekte Mischung aus Lebensmittel-Markt, Bäcker, Metzger, Café und Küchengerätehandel. Und in der Tat, es duftet von allen Ecken, das Wasser läuft uns massiv im Mund zusammen. Wir verbringen eine halbe Stunde bei Zabar's, bestaunen immer neue kulinarische Höhepunkte und Leckereien und bewundern die sehr geschmackvollen Darbietungen all dessen. »Habe ich zu viel versprochen?« »Nein, auf keinen Fall.« »Carrie, die Journalistin von *Sex and the City*, hat auch gerne hier eingekauft.« Die gute Carrie begleitet uns wohl auf Schritt und Tritt.

ADMISSIONS

6. AMERICAN MUSEUM OF NATURAL HISTORY

Wir haben fast nicht bemerkt, wie schnell die Zeit verflogen ist mit Barbara, die anregend erzählt, ihre Nachbarschaft vorstellt und immer wieder eigene Bewertungen und Geschichten ergänzt. So macht ein gemütlicher Spaziergang großen Spaß.

Die letzte Station wird das American Museum of Natural History, für das wir wieder die 8th Avenue überqueren müssen. Barbara führt uns in die hohe Eingangshalle, und wir stecken gemeinsam die Nasen durch die Tür, während das freundliche Museumspersonal ein Auge zudrückt. »Die fliegenden Saurier-Skelette sind bekannt von diversen Filmauftritten. In *Nachts im Museum* mit Ben Stiller und Robin Williams waren sie auch zu sehen.« Vor allem aber ist das Museum ein Lieblingsziel zahlloser Wochenendausflüge so ziemlich aller amerikanischen Familien. Dem Charme der etwas in die Jahre gekommenen Ausstellung kann man sich auch heute nicht entziehen. »Nehmt euch die Zeit, da mal reinzugehen, es lohnt sich wirklich. Aber bitte erst, nachdem ich euch gleich verlassen haben werde. Ich war einfach schon zu oft drin.«

Barbara drückt uns fest, lächelt uns ein letztes Mal freundlich zu und steigt dann winkend in einen Bus.

Dieses Museum ist Kinostar und Klassenraum zugleich: Das American Museum of Natural History schafft es, pädagogisch wertvoll und stilistisch faszinierend zu sein. Barbara stuft es als Must-See ein.

FOREMOST
CATERERS
FINE DESIGNERS OF CREATIVE CUISINE
Ram Caterers
West End Av

Die quer laufenden Straßen erlauben an manchen Stellen den freien Blick auf die andere Seite des Hudson River oder des Parks.

Big Apple Greeter

Die Tour mit Barbara.

BARBARA TOMANELLI

- wurde in der Bronx geboren
- zog mit der Familie um nach Manhattan, als die beiden Kinder zur Welt kamen
- hat vier Enkel – alles Jungs
- hat als Executive-Assistentin des Vizepräsidenten des Versicherungskonzerns MetLife gearbeitet
- ist Greeter seit 2001 und spezialisiert auf die Upper West, in der sie seit Jahrzehnten auch lebt
- ist nicht nur als Greeter unterwegs auf den Straßen der Upper West Side, sondern gehört auch zum Leitungsteam von Big Apple Greeter
- ist überzeugt, dass es für Kinder keinen besseren Ort als New York City gibt. Sie hält die Stadt für den kinderfreundlichsten Ort der Vereinigten Staaten

ONE WAY
PIERREPONT ST

12

BROOKLYN HEIGHTS

MIT JULIE COMPTON

FM DR

WILLKOMMEN IN BROOKLYN HEIGHTS:

VIEL MEHR ALS DER BESTE BLICK AUF DIE MANHATTAN SKYLINE

Julie schaut kurz nach rechts und links, gibt den Rädern ihres Rollstuhls mit beiden Händen einen Schubs und rollt dann einfach bei Rot über die Fußgänger-Ampel, »so wie jeder echte New Yorker rübergehen würde. Ein klitzekleines bisschen illegal«, wie sie selbst einräumt. »Das ist der abenteuerlustige Geist, der mir in die Wiege gelegt wurde.«

Warum bloß begleitet diese Frau mit den listig blinzelnden Augen in einem Rollstuhl Gäste durch Brooklyn? »Mit 17 Jahren hatte ich einen Tauchunfall in Neuseeland. Ich sprang mit Anlauf in einen Fluss und schlug vermutlich auf dem Grund auf, da das Wasser an dieser Stelle sehr flach war. Der Aufprall brach meinen Rücken zwischen dem 6. und 7. Wirbel, wodurch ich vierfach eingeschränkt bin, denn nicht nur meine Beine sind vollständig taub, auch meine Hände sind teilweise gelähmt. Ich glaube wirklich, dass Gott bei all dem einen Anteil hatte, denn genau in dem Sommer, in dem dieser Unfall passierte, hatten meine Zwillingsschwester und ich als Einzige Zugang zu einem Schwimmbad. Wir tauchten im Pool um die Wette, um zu sehen, wer länger unten bleiben konnte. Meine Lunge war dadurch exzellent trainiert, als der Unfall passierte. Die Lähmung setzte unmittelbar ein, ich konnte kein Glied rühren, nur hoffen, dass jemand kommt und mich herauszieht. Als ich gerettet wurde, hatte ich noch immer Luft in meinen Lungenflügeln.«

Julie ist ein durch und durch positiver Mensch und ihre Lebensfreude ist ansteckend. Und auch ihr schweres Schicksal konnte sie nicht davon abhalten, etwas später nach Australien auszuwandern: »Ich habe dort bewusst zwölf Jahre allein gelebt, um komplett selbstständig zu werden.« Dann packte sie erneut die Wanderlust, sie zog in die USA, nach Brooklyn. Der New Yorker Stadtteil wurde ihre neue Heimat.

Bis zum Ende des 19. Jahrhunderts war Brooklyn eine eigenständige Stadt. Heute ist es mit rund 2,6 Millionen Einwohnern der bevölkerungsreichste der fünf Stadtteile New Yorks. Zudem hat sich Brooklyn seine eigene Identität bewahrt. Wäre die Stadt heute noch eigenständig, wäre sie, kaum zu glauben, die viertgrößte der Vereinigten Staaten. Neben New York wären nur Los Angeles und Chicago größer.

»Viele Leute, die in Manhattan leben, kommen nicht gerne hierher nach Brooklyn. Für sie ist das wie eine Weltreise; sie mögen es einfach nicht, mehr als eine U-Bahn-Station weit ihre Insel zu verlassen. Wie meine italienische Freundin, die vor ein paar Jahren nach Manhattan gezogen ist. Kaum war sie dort, hatte sie dieser Manhattan-Tick schon gepackt, und seitdem kommt sie uns nicht mehr besuchen.«

Brooklyn Heights beheimatet neben der gewaltigen Borough Hall am Cadman Plaza das US-Courthouse und den Supreme Court des Staates New York. Wichtige Verwaltungsgebäude und vor allem viel heimelige Atmosphäre, unter anderem durch zahlreiche wunderschöne, historische Backsteinhäuser aus den 1820er Jahren, machen Brooklyn Heights heute aus.

Hier lebten in den 1950ern einige bedeutende Schriftsteller: Truman Capote zum Beispiel, dem

wir unter anderem *Breakfast at Tiffany's* verdanken, oder Arthur Miller hatten hier ihr Zuhause. Und auch Bob Dylan hauste einige Zeit in einem Kellergeschoss in der Montague Street.

Folgerichtig wurde Brooklyn Heights im Jahre 1965 zum ersten Historic District von New York City ernannt, zu erkennen an den braunen Straßenschildern.

1. UHRENTURM BROOKLYN DOWNTOWN UND BROOKLYN ACADEMY OF MUSIC (BAM)

Kaum sind wir aus der U-Bahn-Station Atlantic Mall aufgetaucht, sehen wir ein reich verziertes, älteres Haus mit einem hohen Uhrenturm, gekrönt von einer Kupferkuppel. In alle vier Himmelsrichtungen zeigt der Turm weithin sichtbar den Stand der Stunden.

Ganz in der Nähe wurde 2012 das neue Basketball-Stadion der Brooklyn Nets mit einem Konzert des Rappers Jay-Z eröffnet. Das schicke Barclay's Center bietet mehr als 18.000 Menschen Platz, wirkt architektonisch aber etwas fremd im eher historischen Ambiente von Brooklyn Heights. Julie bemerkt süffisant: »Vor einigen Jahren ging das Baseball-Team Dodgers von hier fort, obwohl das keiner wollte; nun bekommen wir dieses neue Basketball-Stadion, das hier niemand haben will. Es ist wirklich eine schwierige Geschichte mit Brooklyn und dem professionellen Sport.«

Aber nur einen Steinwurf entfernt begeistert sich Julie: »Kein anderer Stadtteil hat eine so wundervolle Einrichtung wie die Brooklyn Academy of Music zu bieten. Die Leute kommen von überallher. Sie kommen scharenweise angereist, weil hier wirklich die besten musikalischen Veranstaltungen stattfinden.«

Brooklyn hat insgesamt viel Kultur zu bieten, und die Brooklyn Academy of Music (BAM) ist das Flaggschiff: Hier gibt es avantgardistische Tanz-Performances, Opernaufführungen und verschiedenste Show-Veranstaltungen. »Ich mag besonders die afrikanischen Tanzvorführungen, bei denen sich auch der Platz vor der BAM in einen großen afrikanischen Markt verwandelt.« Das wellenförmig geschwungene Glas-Vordach ist die neueste Design-Ergänzung zu diesem Backsteingebäude, mit allerdings zweifelhaftem Nutzen: »Als ich einmal nach einer Show herauskam, regnete es so stark, dass an beiden Enden reißende Wasserfälle herabstürzten.«

Julies persönlicher Theaterfavorit in Brooklyn ist das BAM Harvey Theater, gleich um die Ecke, in dem es klassische Schauspielaufführungen, unter anderem aus der Feder von Shakespeare, gibt. »Man weiß nicht recht, ob es irgendwann noch fertig gebaut werden wird oder sich eventuell doch schon im Prozess des Abrisses befindet«, spekuliert Julie. In all dieser fertigen Unfertigkeit befindet sich eine bequeme neue Bestuhlung. »Es gibt hier diesen Mix aus brandneu und total alt. Du sitzt auf gemütlichen Stühlen in diesem fast schon verkommenen, alten Gebäude und schaust auf die offene Bühne unter dir – es ist einfach fantastisch.«

Julie ist begeistert. »Kein anderer Stadtteil hat eine so wundervolle Einrichtung wie die Brooklyn Academy of Music zu bieten. Und gleich hinter der BAM ist dieser wunderbare Uhrenturm zu sehen, der zum Gebäude der früheren Williamsburgh Savings Bank gehört.«

BAM

2. LIVINGSTON STREET MIT JAMAIKANISCHEN UND KOREANISCHEN RESTAURANTS

Vom BAM kommend, überqueren wir zwei Hauptstraßen und biegen in die Livingston Street ein: Jamaica und Korea liegen hier an zwei gegenüberliegenden ›Ufern‹ ein und derselben Straße. Wir tauchen ein in exotische Duftschwaden und rätseln gemeinsam, ob all die erstaunlichen Waren, die hier feilgeboten werden, wohl essbar sind.

»Ich bringe meine Besucher gern in diesen Teil von Brooklyn, weil sie hier die gewaltige Vielfalt erleben können; dies ist eine überwiegend afroamerikanische und karibische Gegend – westindisch, wir wir sagen.« Julie steuert mit ihrem Rollstuhl schnurstracks auf einen kleinen Laden zu, über dem ein großes gelbes Schild in dunkelroten Lettern den Namen Patty Plus zeigt. Hier gibt es laut Julie die besten jamaikanischen Teigtaschen (amerikanisch Patties). »Jeder scheint seinen eigenen Lieblings-Jamaika-Patty-Shop zu haben – dies ist meiner! In Neuseeland wuchs ich in der kleinen Stadt Putorino auf. Dort gingen wir nach der Schule oft in einen Kaufmannsladen, um Fleisch-Patties zu essen. Irgendwie hängt es mit dem gemeinsamen Commonwealth-Erbe zusammen, dass ich als Neuseeländerin dieses Gericht so liebe.«

Von Patty Plus unbeschadet auf die andere Straßenseite zu gelangen ist ein Abenteuer. Julie führt uns dann in ein einfach eingerichtetes Lebensmittelgeschäft. Der koreanische Besitzer hat sich ganz auf seine Nachbarschaft eingestellt und verkauft seltenes Wurzelgemüse, das vor allem von Kunden aus der Karibik gegessen wird. Julie zeigt uns bewusst solche kleinen Läden. »Ich bringe meine Gäste gerne an solche Orte abseits der Hauptattraktionen von New York. Die meisten finden genau das prima und entdecken kleine Schätze, die man als Tourist meist übersieht. Das begeistert sie. So lernen sie neben all dem Lauten und Großen auch das wahre New York kennen.«

3. DIE BROOKLYN BOROUGH HALL UND DAS GERICHTSGEBÄUDE

Wir erreichen ein ehrwürdiges Bankgebäude, errichtet 1827, mit begeisternd reich verzierter Lobby. Schicke Eingangshallen gibt es offenbar in vielen Häusern von New York. Die schönste Lobby hat laut Julie das Woolworth Building in Manhattan, am anderen Ende der Brooklyn Bridge gelegen. »Das Gebäude ist seit 9/11 für Touristen nicht mehr zugänglich. Aber ich habe da einen Trick: Geht einfach rein und nennt den Namen eines Buchhalters, mit dem ihr verabredet seid. Falls die Wachleute sagen, er sei nicht im Gebäude, sagt, ihr hättet euch wohl geirrt.« Da blitzt sie wieder auf, die neuseeländische Abenteuerlust. Es macht Freude, mit Julie unterwegs zu sein.

Die nahegelegene Brooklyn Borough Hall schmücken ein majestätisches Säulenportal und ebenfalls ein hoher Uhrenturm, der nachts in unterschiedlichen Farben angestrahlt wird. Gegenüber befindet sich das Gebäude des Supreme Court von Brooklyn. Die Kreuzung Clinton Street und Montague Street ist das Herz von Brooklyn Heights. Heute nicht mehr vorstellbar: Früher galt eine Reise von Manhattan hierher als Landausflug.

An einer Fassade erinnert der Schriftzug Breuckelen an die ursprüngliche Schreibweise von Brooklyn und an die niederländische Stadt Breukelen, nach der die holländischen Siedler den Ort 1646 benannten.

Die Brooklyn Borough Hall, also das ehemalige Rathaus von Brooklyn, ist heute der Verwaltungssitz der Bezirksverwaltung. Das ehrwürdige Gebäude hat durchaus Ähnlichkeit mit dem Weißen Haus in Washington, das allerdings etwa 50 Jahre älter ist als das 1851 eröffnete Haus in der Joralemon Street.

4. DIE BROOKLYN PROMENADE MIT BLICK NACH MANHATTAN

Wir nehmen den Bus und gelangen schließlich an die malerische Promenade gegenüber der Südspitze von Manhattan. Hier lebten einst berühmte Schriftsteller wie Norman Mailer, W. H. Auden und Arthur Miller. Der Blick ist atemberaubend. Von hier sieht New York so aus, wie die meisten es sich bei geschlossenen Augen vorstellen. Zur Rechten die Brooklyn Bridge, im Norden das Empire State Building und geradeaus der Financial District mit dem neuen Freedom Tower.

Bis zum 11. September 2001 ragten auf dem jenseitigen Ufer die Doppel-Türme des World Trade Centers in die Höhe. Eine Messingplatte im Boden erinnert noch heute an das gewaltige Gebäude und seinen tragischen Einsturz. »Die beiden Türme standen eher mittig, so dass die Flugzeuge die ersten beiden Reihen an Gebäuden überfliegen mussten. Monatelang hielt sich der Staub in der Luft. Hier auf der Promenade kamen in den Wochen nach dem Anschlag viele Trauernde zusammen. Sie entzündeten Kerzen und hefteten Fotos der Menschen an, die sie verloren hatten. Es war durch die spürbare Menschlichkeit irgendwie wärmer damals. Fremde Menschen, die sich begegneten, sprachen vertraut miteinander, keiner war gehetzt, und es gab ein großartiges Zusammengehörigkeitsgefühl. Das ist jedoch leider schon nach kurzer Zeit wieder verflogen. Der Alltag hatte uns schnell wieder eingeholt.«

Während wir gemeinsam den Blick genießen und uns gegenseitig auf einzelne markante Hochhäuser in der Skyline hinweisen, erzählt Julie: »Hier habe ich einmal einem kanadischen Paar zur Traumhochzeit verholfen. Die beiden hatten mich gebeten, ihre Trauzeugin zu sein. Durch meine Kontakte ist es mir gelungen, dass sie vor dieser atemberaubenden Kulisse getraut werden konnten.«

Bevor wir zur nächsten Station aufbrechen, lenkt Julie unsere Aufmerksamkeit noch einmal auf die Geschichte dieses Ortes: »Während der Schlacht um Long Island, mutmaßlich die größte im amerikanischen Unabhängigkeitskrieg, zog sich General George Washington nach schweren Verlusten hierher zurück und quartierte sich in einem dieser Häuser ein, bevor er seine Truppen nach Manhattan übersetzen und sie dort in Sicherheit bringen konnte.«

Der traumhafte Blick auf die Skyline an der Südspitze Manhattans trägt zum Genuss des Besuchs in Brooklyn Heights bei.

5. IRIS CAFÉ

Dieses kleine, wunderbare Café ist Julies Geheimtipp für eine Stärkung nach dem langen Weg durch Brooklyn. Aber auch das Frühstück in diesem entzückenden Café schmeckt ganz vorzüglich. Das können wir bestätigen, denn aufgrund ihrer Empfehlung haben wir uns mit dem Team erst einmal und dann immer wieder hier zum Start in den Tag getroffen. Nicht nur die Dekoration ist liebevoll gestaltet, man isst in dem kleinen Bistro, benannt nach der Tante Iris der Besitzerin, auch ganz hervorragend und wird behandelt, als gehöre man seit Jahren zur Familie. Pläuschchen inklusive.

Das Iris Café in der Straße Columbia Place hat alles, was man sich von einem Café in Brooklyn wünscht: leckeres Essen, stilvolles Ambiente, Gemütlichkeit und nette Leute vor und hinter dem Tresen.

Iris
Cafe

MIT DEM ROLLSTUHL UNTERWEGS IN NEW YORK

»Als ich das erste Mal die New Yorker Subway benutzte, stieg ich hier in Brooklyn Heights ein und fuhr nach Manhattan. Bei meiner Rückkehr am Nachmittag musste ich feststellen, dass es nur auf der Uptown-Seite des Bahnsteigs einen Fahrstuhl gab, nicht aber auf der Downtown-Seite. Also brauchte ich Hilfe, um wieder nach oben zu kommen. Die Mitarbeiter der Metro erklärten mir wortreich, dass es ihnen verboten sei zu helfen. Ich war also auf Passanten angewiesen und musste lernen, einen Spürsinn für diejenigen zu entwickeln, die am ehesten bereit sind, anzupacken und mir zu helfen.

Im Laufe der Zeit habe ich viel Lustiges erlebt. Einmal, als der Aufzug kaputt war, bat ich einen jungen Mann um Hilfe. Er und seine Freundin warteten auf den nächsten Zug. Während sie am Bahnsteig blieb, half er meiner Bekannten, mich im Rollstuhl die Treppe hochzuhieven. Als wir schon zu drei Vierteln oben waren, rief seine Freundin von unten, dass der Zug komme und er sich beeilen solle. Augenblicklich ließ er den hinteren Teil meines Rollstuhls los! Meine Bekannte konnte gerade noch die Vorderseite schnappen. Er aber sprang über das Geländer zum Zug und war weg. Glücklicherweise eilte ein anderer Passant zu Hilfe, und so konnten wir gemeinsam auch noch die letzten fünf Stufen überwinden. Oben kam ich mit einem Lachkrampf an.« Man braucht Humor, ein wenig Geduld und ein freundliches Gesicht, um trotz Handicap die Hürden der Stadt zu überwinden. »Aber es geht. Bisher habe ich immer alle Ziele erreicht, die ich erreichen wollte.«

»New York ist nicht für Menschen im Rollstuhl konzipiert worden. Je älter ein Gebäude oder eine U-Bahn-Station ist, desto mühsamer ist das für mich. Aber die Lage verbessert sich permanent«, ist die optimistische Julie auch in dieser Frage ganz positiv gestimmt.

Borough Hall Station
2 3 & Manhattan 4 5
Planned Service Changes
2 3
WEEKENDS & NIGHTS
BOROUGH HALL
2 3 4 5
TO TALK BELOW
PUSH FOR HELP
ELEVATOR IS OUT OF SERVICE WHEN INDICATOR LIGHT IS ON
Please let people with disabilities and seniors board first.

Brooklyn, der bevölkerungsreichste Stadtteil von New York, hat viele Gesichter. Hochkultur vereinigt sich mit fremdländische Küche, asiatische treffen auf karibische Einwanderer. Die bewegte Geschichte und prominente frühere Bewohner werden uns von einer unkonventionellen Frau aus Neuseeland nahegebracht. Seit ihrem 17. Lebensjahr hat Julie gelernt, trotz Rollstuhl ihre Lebensfreude und ihre Abenteuerlust zu bewahren.

Die Tour mit Julie.

JULIE COMPTON

- kam in Putorino, Neuseeland, zur Welt
- hatte dort mit 17 Jahren einen Badeunfall, der zu ihrer Querschnittslähmung führte; seitdem sitzt Julie im Rollstuhl
- lebt seit Januar 1990 in Brooklyn, das sie heute »meine neue Heimat« nennt
- hat immer im Büro gearbeitet, zum Beispiel als Rezeptionistin, IT-Kraft oder Buchhalterin; heute arbeitet sie auch ehrenamtlich als Schatzmeisterin ihrer Kirchengemeinde
- ist seit 1997 Big Apple Greeter – übrigens nicht die Einzige, die ihre Besucher im Rollstuhl führt

»BROOKLYN IST EINER DER GROSSARTIGSTEN STADTTEILE VON NEW YORK; JEDER NEW YORKER MAG SEINEN BOROUGH NATÜRLICH AM LIEBSTEN. FÜR MEINE FREUNDE UND MICH BEFINDET SICH BROOKLYN GANZ EINFACH AN DER SPITZE DER NAHRUNGSKETTE.«

ALS BIG APPLE GREETER IST MAN JA LANGE STRECKEN IN DER STADT UNTERWEGS. FUNKTIONIERT DAS GUT MIT DEM ROLLSTUHL?

Ich gehöre zu einem Hilfsnetzwerk für Rückgrat-Verletzte. Ein anderes Mitglied meiner Gruppe, ebenfalls Rollstuhlfahrer, fragte mich, ob ich nicht auch Big Apple Greeter werden wollte. Durch sein Beispiel wusste ich also von Anfang an, dass das gut funktioniert.

WIE IST ES FÜR DICH, IN KURZER ZEIT MIT ZUVOR UNBEKANNTEN MENSCHEN EINE BEZIEHUNG AUFZUBAUEN?

Nun, es ist wie bei einem unbeschriebenen Blatt Papier, jedes Mal ein kleines Abenteuer. Ich sage immer: Fremde sind Freunde, die du bisher noch nicht getroffen hast. Und die meisten Menschen, denen ich New York zeigen darf, mag ich wirklich sehr.

WAS MOTIVIERT DICH, ANDEREN DEINE STADT ZU ZEIGEN?

Für mich ist das ein Weg, etwas an diese Stadt zurückzugeben, von der ich so viel profitiert habe. Sie wurde meine neue Heimat. Vom ersten Tag an, als ich nach Brooklyn kam, am 1. Juli 1990, habe ich New York geliebt.

IST NEW YORK EINE GUTE STADT FÜR ROLLSTUHLFAHRER?

Da ich in drei verschiedenen Ländern gelebt habe, kann ich durchaus vergleichen. Bequem mit dem Bus zu fahren oder einfach die Subway zu benutzen, das geht nicht überall. In Ländern wie Australien zum Beispiel werden erst jetzt Busse eingeführt, die auch für Rollstuhlfahrer geeignet sind. Das ist hier schon viel besser geregelt. Ich komme alles in allem gut klar. In der Summe gilt aber überall, dass es im Leben darauf ankommt, was du selbst daraus machst. Ohne guten Willen und eigene Anstrengung kommt man nirgends zurecht.

WAS MAGST DU AM MEISTEN AN DEINEM STADTTEIL?

Heutzutage genieße ich es, mitten in Brooklyn zu leben, denn es ist für mich sehr komfortabel, vor allem durch den hervorragenden öffentlichen Nahverkehr und die speziellen Transportbusse für Rollstuhlfahrer. Außerdem gefallen mir die kleinen unterschiedlichen Ecken der Stadt. Ich habe früher einmal in einem Viertel gelebt, in dem vor allem Menschen aus Lateinamerika wohnten, nur ein paar Blocks von Chinatown entfernt, gleich neben einer Ecke, in der viele Juden lebten. Durch diese Vielfalt kannst du vieles sehen und erleben, so als würdest du verschiedene Länder besuchen. Wenn ich im Bus durch Brooklyn fahre, kann ich an den Fahrgästen im Bus erkennen, wo ich gerade bin. Es fühlt sich wirklich an, als ob ich an einem einzigen Tag ganz unterschiedliche Gegenden der Welt bereise. Das liebe ich sehr.

Die Atlantic Avenue ist die Shopping-Meile in Brooklyn Heights. »Weniger glamourös als in Manhattan, aber mit allem, was das Herz begehrt«, findet Julie.

GIBT ES EINE GEGEND IN NEW YORK, DIE DU GERNE BESUCHEN MÖCHTEST, IN DER DU BISHER ABER NOCH NIE GEWESEN BIST?

Ja, unbedingt. Ich war noch nie auf City Island, obwohl ich schon lange vorhatte, mich dort mal umzusehen. City Island liegt weit nördlich von Roosevelt Island, wahrhaft weit ab vom ›Haupt-Trampelpfad‹ der Stadt. Ich habe gehört, dass es dort viele Fisch-Restaurants gibt, die ganz hervorragend sein sollen. Irgendwann möchte ich im Sommer mit ein paar Freunden dorthin fahren, auf einer sonnenbeschienenen Terrasse guten Fisch essen und eine ruhige Auszeit genießen.

13

MANHATTAN CENTRAL PARK

MIT ETHAN BROOK UND RICHARD FINE

FM MK

WILLKOMMEN IM CENTRAL PARK:

GRÜNE LUNGE DER SUPERLATIVE ZWISCHEN 59TH UND 110TH STREET

Behutsam, fast andächtig führen uns Ethan Brook und Richard Fine, von der Westside kommend, Höhe 85th Street in die grüne Oase, in das landschaftsplanerische Herz New Yorks. Sie sprechen ihre ersten Worte mit gedämpfter Stimme, als ob sie ein Heiligtum betreten würden: »Der Park entstand in 15-jähriger Bauzeit und wurde 1873 für die Öffentlichkeit geöffnet. Damals lebten die meisten Menschen in Manhattan noch unterhalb 14th Street, etwa 3,5 km südlich vom Park. Die Gegend hier oben war damals also wirklich Countryside«. Auf dem großen, wilden Areal von rund 350 Hektar befand sich lediglich eine kleine Ansiedlung. »Seneca Village hatte ungefähr 270 Einwohner, überwiegend freigelassene Sklaven; aber es gab immerhin drei Kirchen, eine Schule und einen Friedhof«, erklärt Ethan. »Und zwar genau hier, wo wir jetzt stehen.« Unser Blick schweift umher, aber nichts erinnert heute mehr an das Dorf. Richard fährt beinahe feierlich fort: »Alles, was ihr hier sehen könnt, die Bäume, die Seen, alles wurde von Menschen angelegt, auf dem harten Felsuntergrund Manhattans. Die einflussreichen Leute damals hatten ganz einfach die Weitsicht, das Gebiet des heutigen Parks komplett frei von Gebäuden zu halten.«

Durch einen Gestaltungswettbewerb wurde entschieden, wie der Park aussehen sollte. Frederick Olmsted und Calvert Vaux gewannen mit ihren Vorschlägen und schufen mit großen Geldsummen eine liebliche Oase in der Wildnis, in mühsamer Handarbeit von Tausenden von Arbeitern angelegt. Doch was war damals das Ziel dieser Bemühungen? »Zunächst ging es den reichen Leuten darum, hier umherfahren und sich zeigen zu können, in ihren Kutschen und ihren festlichen Gewändern. Der Central Park war am Anfang quasi die neue Bühne für Angeber, der Laufsteg der Eitelkeiten.« Erst Anfang des 20. Jahrhunderts wurde es den gerade erfundenen Autos ermöglicht, in tiefer gelegenen Straßenkorridoren an vier Stellen den Park zu unterqueren. Ethan hebt hervor: »Es ist sehr erstaunlich, dass die Planer schon damals den Weitblick hatten, diese Tunnelunterquerungen zu bedenken, als es noch gar keine Autos oder ernstzunehmenden Verkehr gab.«

Die nüchternen Zahlen: Die Strecke einmal um den ganzen Park herum beträgt ca. 6,5 Meilen, die kleinen Geh- und Fahrradwege im Park selbst bilden jedoch ein Netz von insgesamt 57 Meilen. »Genug, um sich ein Leben lang hier zu verirren«, wie Richard lachend anmerkt. Und noch ein bisschen Park-Geometrie: 500 europäische Fußballfelder passen in den etwa 350 Hektar großen Garten, 250-mal der Petersdom, achtmal der Vatikanstaat oder fast zweimal das Fürstentum Monaco.

Die New Yorker lieben ihren Central Park und halten ihn in Ehren. Das war nicht immer so. Zwischen dem Ende des Zweiten Weltkrieges und den späten 80er Jahren galt der Park als gefährlich und war permanent in den negativen Schlagzeilen. Verbrechen, Gewalt, Prostitution und Drogen prägten das Bild. »Diese Phase ist Gott sei Dank schon lange vorbei!«, sagen Richard und Ethan, die beide Unternehmer im ›Unruhestand‹ und seit Jahrzehnten ›ziemlich beste Freunde‹ sind. Beide haben ihr halbes Leben in dieser grünen Oase verbracht: Ethan Brook hat hier Runde um Runde gedreht und sich auf seine Marathons vorbereitet, Richard Fine lebt gleich nebenan, in direkter Nachbarschaft zum Park, in der Upper West Side; der nahegelegene Park zieht ihn immer wieder magisch an.

Der Central Park ist fast doppelt so groß wie Monaco und hat völlig unterschiedlich gestaltete Ecken: Der große Bethesda-Brunnen mit dem Angel of the Waters zum Beispiel liegt mitten im Park am Lake, auf Höhe der 72nd Street.

1. JACQUELINE KENNEDY ONASSIS RESERVOIRE UND GREAT LAWN

Als wir den Park auf Höhe der 85th Street betreten, machen Ethan und Richard uns darauf aufmerksam, dass der sogenannte große Rundweg durch den gesamten Park führt. An dunkelgrünen Laternenpfählen kann man im unteren Teil weiße Nummern ablesen, die jeweils auf die Straße verweisen, auf deren Höhe man sich befindet. »Das hilft zumindest ein bisschen, um zu verhindern, dass man sich völlig verirrt. Kommt, schauen wir uns JKO an.«

Der New Yorker kürzt gerne ab. Die beiden führen uns zum Jacqueline Kennedy Onassis Reservoire, einem riesigen Speichersee. Wer den See einmal umrundet, hat 1,6 Meilen Strecke zurückgelegt, so wie zum Beispiel Dustin Hoffman im Film *Marathon Man*. Wir genießen den Anblick des Sees, sparen uns heute die komplette Umrundung und entdecken etwas weiter südlich The Great Lawn, die riesige, aber auch die großartige Wiese.

Auf diesem freien Areal befinden sich acht Baseball-Diamant-Felder, die regelmäßig bespielt werden. Zweimal jährlich geben die New Yorker Symphoniker hier kostenlose Konzerte: »Es ist jedes Mal wieder ein magischer Moment, wenn alle Besucher verstummen und die Musik einsetzt: Gänsehaut pur!«, erklärt Ethan. Auch das berühmte *Concert in Central Park* der Folksänger Simon & Garfunkel mit mehr als einer halben Million Zuschauer hat 1981 an dieser Stelle stattgefunden.

Ausruhen, Sport treiben, Seele baumeln lassen, Sonnenbaden, Boot fahren, Joggen, Rad fahren, Theater und Konzerte unter freiem Himmel genießen und, und, und. Der Central Park ist das universelle Naherholungsgebiet für alle New Yorker.

2. HISTORISCHE GEBÄUDE ZWISCHEN MUSEUM OF NATURAL HISTORY UND METROPOLITAN MUSEUM

Das Delacorte Theatre ist ein Freilufttheater am südlichen Rand des Great Lawn, in dem vorzugsweise Shakespeare-Stücke aufgeführt werden. Im Sommer warten die Besucher stundenlang darauf, am Verkaufsschalter Tickets für die begehrten Inszenierungen zu erhalten. Heutige Hollywood-Größen wie Anne Hathaway oder Kevin Kline traten hier auf; der in New York geborene Al Pacino brillierte an dieser Stelle als Kaufmann von Venedig.

Belvedere Castle sieht zwar aus wie eine mittelalterliche Burg, diente aber in Wirklichkeit jahrzehntelang als städtische Wetterstation im Central Park (die aktive Station liegt heute ein paar hundert Meter entfernt, unterhalb der 79th Street Transverse). Vom Observation Deck hat man einen großartigen Blick auf den Great Lawn und den kleinen See vor dem Schloss, den Turtle Pond. Darin sonnen sich bei schönem Wetter ganze Kolonien von Schildkröten.

Richard hat einen Geheimtipp für seine Gäste: »Im Swedish Cottage, einem kleinen, romantischen Holzhaus, gibt es ein wunderbares Marionetten-Theater, und nur ein paar Treppenstufen weiter gelangst du in den Shakespeare Garden, einen reizenden Garten, in dem man völlig vergisst, dass man in Manhattan ist.«

Etwas weiter in Richtung Osten steht unmittelbar vor der Rückseite des Metropolitan Museums der steinalte Obelisk mit dem wunderbaren Namen Cleopatra's Needle. Amerikaner sind nicht nur gut in Abkürzungen, sie finden auch immer aufs Neue großartige Namen. Der 21 Meter hohe und 224 Tonnen schwere Obelisk ist ein Geschenk der Engländer und das wohl älteste von Menschen geschaffene Kulturzeugnis in den USA. Der Gedenkstein soll etwa aus dem Jahre 1450 vor Christus datieren. »Damit wäre der Obelisk dann also rund 1.500 Jahre älter als seine Namenspatronin«, lacht Ethan. Interessant: Das Geschenk der Engländer war an die Bedingung geknüpft, dass die Amerikaner es selber im ägyptischen Alexandria abholten. Damals zückte ein reicher Amerikaner sein Portemonnaie und zahlte rund 100.000 Dollar für die Passage. Das war der Eisenbahnmagnat William H. Vanderbilt.

Neben breiten Spazierwegen und weitläufigen Rasenflächen gibt es im Central Park immer wieder überraschende, kleine Ecken wie zum Beispiel das mittelalterlich anmutende Belvedere Castle oder den mächtigen Obelisken.

Das Herz des Central Park bildet der Bethesda-Brunnen, gleich daneben liegt die Halle mit der berühmten Minton-Kacheldecke.

3. DIE GEGEND RUND UM DEN LAKE

Auf dem Weg zum Lake kommen wir an einem sehr schönen Stück Natur vorbei, das als The Ramble bezeichnet wird. Betrachtet man diesen friedlichen Flecken Erde, fällt es schwer zu glauben, dass dies über Jahrzehnte der gefährlichste Teil des Central Park mit viel Kriminalität und sogar der Schauplatz einiger Morde war. In den späten 80er Jahren wurde schließlich wieder für Ordnung gesorgt. Heute dominieren hier die berühmten grauen und roten Eichhörnchen das Bild.

Am nördlichen Ufer des Lake ist das Loeb Boathouse gelegen. Hier kann man gut essen, Ruderboote mieten oder Hochzeiten feiern. Richard und Ethan schlagen vor, dass wir dort unsere Mittagspause einlegen. »Sehr lecker!«, lautet unser Fazit.

Eine der markantesten Stellen innerhalb des Central Park bilden der Bethesda-Brunnen und gleich daneben die Halle mit der berühmten Minton-Kacheldecke.

Der Bethesda-Brunnen ist nach der Gegend in der Nähe von Jerusalem benannt, in der Jesus an einem Teich einen Lahmen heilte. In Erinnerung an den Engel, der dem Wasser dieses Teiches Heilkraft verlieh, grüßt eine mächtige Statue mit dem Namen Engel der Wasser heute die Besucher. »Man hat von Anfang an diskutiert, ob es sich um einen Mann oder eine Frau handelt oder ob Engel grundsätzlich geschlechtslos sind«, teilt uns Ethan mit. »Unstrittig ist aber, dass dies eine der ersten Groß-Statuen ist, die eine Frau angefertigt hat. Emma Stebbins hat sie 1873 geschaffen.«

Im Sommer blüht hier alles, und viele Hochzeitspaare kommen für das obligatorische Foto an diese Stelle. Die berühmte Säulenhalle war zwischenzeitlich sehr heruntergekommen und wurde eher von Obdachlosen als von Flaneuren frequentiert. Jetzt ist sie wieder in voller Pracht zu bewundern. »Kein Wunder, dass sich die Regisseure vieler Filme und Musikvideos diesen bezaubernden Ort als Kulisse aussuchen.« Und Richard ergänzt, »dass auch die sehr großzügige Toiletten-Anlage rechts und links der Prachttreppe sehr zu empfehlen ist«.

4. DIE STATUEN IM CENTRAL PARK

Auf unserer Runde passieren wir immer wieder große Standbilder und Skulpturen – 29 gibt es davon im Park. Als Erstes entdecken wir in der Nähe des Belvedere Castle einen mächtigen Reiter mit zwei gekreuzten Schwertern. Ethan klärt auf: »Das ist der polnische König Jagiello. Sein Standbild stand bei der Weltausstellung 1939 vor dem polnischen Pavillon, und weil der Rücktransport wohl zu kostspielig gewesen wäre, wurde die Statue der Stadt geschenkt. So einfach geht das manchmal.«

Wie viel die Alice-im-Wunderland-Statue gekostet hat, konnten uns unsere Greeter nicht sagen, doch posieren sie bevorzugt an dieser Stelle in der Nähe des Modell-Segelboot-Teichs für ihre Gäste, wenn die wunderschöne Skulptur einmal nicht von Dutzenden von Kindern beklettert wird. Ganz in der Nähe ist das bronzene Bildnis des dänischen Dichters Hans Christian Andersen mit einem aufgeschlagenen Märchenbuch auf den Knien zu sehen.

Das mehr als bunte Statuen-Panorama wird abgeschlossen von William Shakespeare. Weil unbedingt eine Erinnerung an den großen Dramatiker im Park stehen sollte, gab der damals bekannteste Theaterschauspieler der USA, Edwin Booth, zusammen mit seinen beiden jüngeren Brüdern eine Benefiz-Vorstellung, um die nötigen Gelder zu sammeln.

Richard berichtet von einer tragischen Verkettung dieser Schauspieler mit der amerikanischen Geschichte: »Während Edwin Booth im Bürgerkrieg auf einem Bahnhof das Leben des ältesten Sohnes von Abraham Lincoln rettete, erschoss sein jüngerer Bruder John Wilkes Booth am Ende des Krieges den Präsidenten in einem Theater.« Auch das wäre Stoff für ein Shakespeare-Drama gewesen …

Über den Preis der Alice-im-Wunderland-Statue konnten die beiden Greeter keine Aussage machen. »Völlig egal: Für uns ist sie ein wertvoller Ort, an dem wir uns gerne an unsere Kindertage erinnern.« Und so nutzen sie einen der raren Momente, an dem einmal nicht Dutzende von Kindern die Skulptur beturnen.

Hohe, glatte Felsen sind hier zu erklimmen, die einen spektakulären Blick über die Bäume auf die Wolkenkratzer der Umgebung ermöglichen.

Von dieser Konzertmuschel aus haben schon Duke Ellington, Leonard Bernstein und Fidel Castro ihr Publikum begeistert.

5. VON DER MALL ZU DEN ROCKS

Die Mall verbindet die Bethesda-Terrasse mit einem riesigen, kreisförmigen Blumenbeet am südlichen Ende des Parks, nahe dem Central Park Zoo. Diese schnurgerade Promenade wurde errichtet, um die damals stilbildenden Flaniermeilen europäischer Metropolen, vor allem in Paris, zu imitieren. Die Mall ist der einzige völlig gerade Weg im gesamten Park.

Die Mall führt uns an einer Konzertmuschel vorbei, in der so unterschiedliche Größen wie Duke Ellington, Leonard Bernstein und Fidel Castro (»ausgerechnet der«, bemerkt Ethan süffisant) aufgetreten sind. Richard fügt hinzu: »Die Stadt wollte die Naumburg Bandshell schon abreißen lassen, als sie immer mehr verfiel und hier mehr Obdachlose als Musiker zu finden waren. Allerdings haben die New Yorker dagegen so lange protestiert, bis ein Nachfahre des Erbauers das marode Ding kaufte, die Muschel komplett renovierte und sie dann der Stadt schenkte. Den New Yorkern ist einfach alles in diesem Park heilig. Sie wollen den Park erhalten, wie er ist«, freut sich Richard.

Ganz im Süden des Parks liegen mächtige Felsen, The Rock's wird diese Formation genannt. Als wir die Gesteinsblöcke erklommen haben und den Ausblick auf die Wolkenkratzer genießen, weist Richard auf deren Bedeutung hin: »Die Härte des Felsbodens der Insel Manhattan ist weltweit ziemlich einmalig und wohl in der Eiszeit entstanden, zumindest haben Geologen eistypische Kratzspuren entdeckt. Der harte Untergrund vor allem in Central und Lower Manhattan war die Voraussetzung für den Bau der Wolkenkratzer, die wir gerade bestaunen. Nicht ganz so günstig ist dieser Untergrund dagegen beim Bau der U-Bahn.«

Ethan ergänzt: »Wenn ihr Zeit habt, geht unbedingt ins New York Transit Museum, es ist lohnend zu sehen, wie die U-Bahn Anfang des 20. Jahrhunderts entstand und wie jetzt gerade eine neue Strecke unter der 2nd Avenue gebaut wird.« Wer sich für die Geschichte der New Yorker Subway interessiert, findet das NYC Transit Museum in Brooklyn, Schermerhorn Street, Ecke Boerum Place.

Die Mall wurde als schnurgerade Promenade errichtet, um europäische Parkanlagen zu imitieren. Es ist der einzige gerade Weg im Park.

Der Central Park ist das Stadt-Heiligtum von Manhattan. Wenn man nicht gerade sportlich aktiv ist, kann man sich hier vom schnellen Takt der Großstadt erholen. Kultur und Natur begegnen sich auf einzigartige Weise.

Das 1930 gebaute San Remo, ein Luxus-Apartmenthaus, ist das höchste Wohngebäude an der Westseite des Central Park.

6. GEBÄUDE IM UND AM WESTLICHEN RAND DES CENTRAL PARK

Am westlichen Rand des Parks deuten unsere Greeter auf ein wichtiges Gebäude, das man über den Baumwipfeln gut sehen kann. »Erkennt ihr das Haus? Das Gebäude Central Park West, Ecke 55th aus dem Film *Ghostbusters*! Es heißt seitdem das Ghostbuster Building.«

Ethan und Richard führen uns anschließend zum Chess & Checkers House, das überdachte Spielmöglichkeiten und die Gelegenheit bietet, mit anderen Parkbesuchern zusammenzukommen. Für die Jüngeren und jung Gebliebenen ist natürlich das Karussell das Highlight: »Die Figuren wurden vor über 100 Jahren von Handwerkern gefertigt, die aus Europa ausgewandert waren und zuvor Tierfiguren für den Innenraum von Synagogen geschnitzt hatten. Der nicht unumstrittene Donald Trump hat es ein paar Jahre vor seiner Präsidentschaft wieder instand gesetzt und betreibt es seitdem«, wissen die beiden.

Am Ende unseres Besuches führen uns unsere Begleiter zum Imagine-Mosaik in den Strawberry Fields, die an die Ermordung John Lennons im Jahr 1980 erinnern. Diese Gedenkstätte liegt nur einen Steinwurf entfernt von seinem damaligen Wohnhaus, dem Dakota, das in den 1880er Jahren als erstes Gebäude weit und breit gebaut wurde. Der Name hat einen spannenden Hintergrund. Freunde machten sich damals lustig über die Ortswahl des Bauherrn: Wenn du das hierhin stellst, kannst du auch gleich dort bauen, wo die Dakota-Indianer leben. Heute zählen die Apartments zu den teuersten der Stadt – Leonard Bernsteins wechselte zum Beispiel vor einigen Jahren für 21 Millionen Dollar seinen Besitzer. Wer sich für eine Wohnung interessiert, durchläuft einen langen Prüfungsprozess und muss Bewerbungsgebühren von 1.000 Dollar zahlen. Selbst VIPs wie Cher oder Madonna scheiterten daran schon.

Eine Partie Schach spielen oder in den Strawberry Fields an den großen John Lennon denken – der Central Park bietet unterschiedlichsten Themen die passende Bühne.

CENTRAL PARK
WEST
CENTER
EAST

Die Tour mit Ethan und Richard.

ETHAN BROOK & RICHARD FINE

- wurden beide, im Abstand von nur zwei Wochen, in Brooklyn geboren
- lernten sich mit 25 Jahren kennen und sind seither beste Freunde
- Richard wurde 2006 als Erster der beiden Greeter, Ethan stieß kurz danach ebenfalls zum Team
- Richard betrieb ein Unternehmen für Installationsbedarf, Ethan hat ein Unternehmen aufgebaut und später verkauft, das Schmuck herstellt
- während Richard heute in der Upper West Side lebt, ist Ethan vor einigen Jahren mit seinem Unternehmen nach New Jersey umgezogen – allerdings direkt an den New Yorker Stadtrand

14

MANHATTAN UPPER EAST SIDE

MIT JAY FREEMAN

TJ DR

WILLKOMMEN IN DER UPPER EAST SIDE:

DAS ETABLIERTE NEW YORK – GARNIERT MIT DEM BESTEN AUS KUNST, KULTUR UND KOMMERZ

Wer heute Upper East Side sagt, lässt den Zusatz ›feine Adresse‹ quasi schon mitschwingen. Und in der Tat sehen wir bei unserer Runde viele sehr gepflegte Gebäude, schicke Boutiquen und Flagship Stores großer Marken, elegante Bürotürme und vor allem riesige Wohnhäuser, zumeist aus der ersten Hälfte des vergangenen Jahrhunderts. Vor den meisten steht ein eleganter Doorman – standesgemäß bekleidet mit Livree und weißen Handschuhen. »Bis zu 800 Quadratmeter sind die Apartments hier groß«, lässt uns Jay wissen. »Die Wohnhäuser und auch die exklusiven Clubs, von denen es in dieser Gegend wimmelt, sind in der Regel so organisiert, dass die, die schon drin sind, sich aussuchen, wen sie reinlassen.« In Jays Worten klingt eine gewisse Skepsis gegenüber dieser Praxis durch. »Meine Frau ist Engländerin, wir leben fünf Monate im Jahr in London. Ich habe im Laufe der Zeit einen europäisch geprägten Blick auf unser Land und meine Landsleute entwickelt.«

Auf dem Weg durch die Upper East erzählt uns Jay begeistert von der historischen Entwicklung seiner Gegend. »Die Begrenzung in Richtung Westen ist der Central Park. Zunächst gab es keine Häuser rund um den Park. Die sind erst nach und nach gebaut worden, als sich die Stadt mehr und mehr in Richtung Norden ausdehnte. Die 5th Avenue am Rande des Parks ist nur einseitig bebaut: Fast alle Apartments haben einen atemberaubenden Blick auf den Park und liegen fußläufig zu den besten Museen der Welt. Diesen Bereich der Fifth nennen die New Yorker deshalb Museum Mile.

Eine Straße weiter verläuft zwischen Park und Fifth die Madison Avenue, die wir von der 77th bis zur 92nd Street hochlaufen: »Hier schlug Mitte des vergangenen Jahrhunderts das Herz der Werbewelt. Heute dominiert hier eher die Modeindustrie. Hermès, Tom Ford, Cartier, Armani – alle wollen sie hier in der Nähe der Wohlhabenden ihre Flagship Stores haben.«

Ganz in der Nähe unseres Treffpunktes in der Park Avenue endet einige Stunden später unsere Runde vor dem berühmten Haus mit der Adresse Park Avenue 740. Als Jay über das Haus spricht, klingt er ganz verschwörerisch: »Wenn du hier ein Apartment kaufen willst, musst du erst mal nachweisen, dass du mindestens 40 Millionen Dollar Vermögen hast. Der Opa von Jackie Kennedy hat das Haus 1929 bauen lassen. Hier haben die Superreichen alle gelebt: die Rockefellers, die Vanderbilts, die Chryslers … und auch heute trifft sich hier der New Yorker Geldadel am Briefkasten.«

Eine Dachterrasse im 50. Stock der schicken Park Avenue. Für viele der ultimative Traum des urbanen Lifestyle.

Die Wassertanks auf den Dächern der Hochhäuser gehören zur Silhouette der Stadt.
Sie dienen der Nutzwasser- und der Löschwasserversorgung.

1. DIE HÖLZERNEN WASSERTANKS AUF DEN DÄCHERN VON NEW YORK

Als wir Jay vor seinem Apartment in der Park Avenue treffen, ist er ganz aufgeregt: »Seit Ende der 80er wohne ich hier und war noch nie auf unserem Dach! Aber jetzt gehen wir gemeinsam rauf in den 21. Stock!«

Auf dem Dach von Jays Wohnhaus wird gerade ein neuer Wassertank installiert, der alte war in die Jahre gekommen und musste ersetzt werden. »Wenn ihr in New York auf die Dächer schaut, seht ihr praktisch auf jedem Haus einen solchen Wassertank. Bei den eleganteren Gebäuden sind die Tanks ummauert, auf einfacheren Häusern kann man sie direkt sehen.« Jay ist begeistert von dem ausgeklügelten System: »Ein solcher Tank wird völlig ohne Klebstoff aus Alaska-Zedernholz gebaut. Das Holz wird nur durch die Metallmanschetten und den Wasserdruck zusammengehalten. Das feuchte Holz schwillt an, und so wird der Tank absolut dicht.«

Die Tanks auf den New Yorker Dächern fassen beinahe alle 10.000 Gallonen Wasser – knapp 40.000 Liter. Die Hälfte davon wird als Nutzwasser für die Haushalte eingesetzt, die andere Hälfte dient als Löschwasservorrat. Nachts wird die jeweils verbrauchte Menge wieder hochgepumpt, so dass der Tank stets gefüllt ist. »Nach vielen schlimmen Bränden hat die Stadt irgendwann dieses Sicherheitskonzept eingeführt. Auf der Straße seht ihr überall Siamese Standpipes (die doppelten Wasseranschlüsse). Dort zapft die Feuerwehr ihr Löschwasser aus solchen Dachtanks.«

Nach diesem technischen Exkurs genießen wir den Blick auf die umliegenden Gebäude. Jay deutet auf das Carlyle Hotel: »Die Legende besagt, dass Präsident Kennedy dort immer wieder geheime Treffen mit seinen Liebschaften hatte, wenn er in der Stadt war. Er hat immer zwei separate, aber durch eine Tür miteinander verbundene Zimmer gemietet, so dass er nie mit den Damen gesehen wurde.«

Beim Blick in die andere Richtung zeigt Jay auf das berühmte Park-740-Gebäude: »Die vielen barocken Verzierungen sind typisch für die Bauten aus der Vorkriegszeit. Dieses hier hat der Italo-Amerikaner Rosario Candela mit den für die Zeit typischen Türmchen und Verzierungen gebaut.«

Das wunderschöne Carlyle Hotel in der Madison Avenue. Woody Allen tritt im Café des Hotels noch heute regelmäßig mit seiner Jazz-Band als Klarinettist auf.

Die Park Avenue erkennt man an dem bepflanzten Grünstreifen zwischen den beiden Fahrbahnen.

2. DIE PARK AVENUE

»Die Park Avenue ist die einzige Avenue in New York mit einem grünen Mittelstreifen«, erklärt uns Jay. »Damit ist sie in Filmen sofort auszumachen.« Jay lebt seit Ende der 80er hier. »Im Jahre 1990 wurde direkt gegenüber von unserem Haus der Romanerfolg *Fegefeuer der Eitelkeiten* von Tom Wolfe verfilmt. Tom Hanks spielt darin den erfolgreichen Börsenmakler Sherman McCoy. Kein Zufall, dass seine Adresse hier in der Park Avenue liegt. Ich habe während der Dreharbeiten immer wieder aus dem Fenster zugeschaut. Es war spannend zu beobachten, wie Filmteams es selbst an strahlend schönen Tagen regnen lassen.«

Es macht Spaß, Jay zuzuhören, der in seinen Schilderungen immer wieder Technisches und Historisches verbindet. »Die Voraussetzung für die Entwicklung dieser Wohngegenden war, dass der elektrische Strom sich immer weiter verbreitet hat. Als 1907 die Dampftechnologie aus Manhattan verbannt wurde, entstanden großzügige freie Flächen, die städteplanerisch neu gefüllt und belebt werden konnten. Das Spannende war jedoch, dass die Reichen jener Tage zunächst gar nicht in diesen frisch gebauten Luxustürmen leben wollten. Sie fanden es nicht standesgemäß, ihren Wohnraum mit anderen unter einem Dach zu teilen. Erst als die Werbefachleute die riesigen Apartments als ›Landsitz im Himmel‹ anpriesen, konnten die ersten Millionäre gewonnen werden, hier einzuziehen. Heute stehen die Millionäre Schlange, falls mal eine Wohnung frei wird.«

3. KULINARISCHE HIGHLIGHTS IN DER NACHBARSCHAFT: MEZZALUNA UND SABLE'S SMOKED FISH

Die Upper East Side ist bekannt für eine reichhaltige Bandbreite unterschiedlichster Restaurants und Feinkostläden. »Wir essen gerne zu Hause; bei uns hängen 50 Speisekarten an der Pinnwand: einfache Küche, ausgefallene Sachen, Sterneküche – aus beinahe jedem Land und Kulturkreis. Ganz nach Lust und Laune lassen wir uns dann was liefern.« Die Gegend verwöhnt ihre Einwohner und Besucher kulinarisch nach Strich und Faden und setzt dabei hohe Standards.

»Ich möchte euch zwei Orte zeigen, an denen wir uns gerne mit Freunden treffen«, sagt Jay. »Das Mezzaluna in der Third ist unser Lieblingsitaliener. Da gehen wir eigentlich ständig hin.« Der Restaurantchef begrüßt Jay mit Handschlag und Namen und uns mit einem hervorragenden Espresso. »Anthony Quinn war hier Stammgast, wie Jay«, weiß er zu erzählen.

Ein paar Ecken weiter, in der Second Avenue, besuchen wir hinter bunter Fassade das Sable's Smoked Fish. »Dieser Laden hier zwischen der 77th und 78th Street ist einer der besten Delikatessen-Shops in New York. Vor allem, wenn es um geräucherten Fisch und Kaviar geht. Das Geschäft gibt es schon seit enschengedenken. Auf einem Foto ist zu sehen, dass die Beatles hier eines der berühmten Lox-Bagels gegessen haben.« Jüdische Immigranten hatten ihre Speisen und Kochkultur mitgebracht und so bestellt man in diesem Shop auch heute noch Lox statt Salmon.

Die Flagship Stores der großen Modemarken treffen in der Upper East Side auf Restaurants mit gutem und zumeist sogar erschwinglichem Essen.

4. MADISON AVENUE

Jay führt uns vorbei am Lennox Hill Krankenhaus. In Städten wie New York liegen selbst renommierte Großkliniken einfach eingereiht in Wohnblocks. Wir gelangen in die Madison Avenue. »Mad Men hat man die Werber hier in den 60ern genannt, wie die Fernsehserie, die jetzt so erfolgreich läuft«, sagt Jay. »David Ogilvy und viele weitere Werbeagenturen hatten damals hier ihren Hauptsitz. Heute sind nur noch ein paar große Player da, seit die Modeläden hier das Sagen haben.«

Jay deutet die Straße hoch und runter: »Wer sich heute auf der Madison umschaut, entdeckt die Namen der gesamten Luxus-Modebranche: Hermès, Tom Ford, Cartier, Armani – alle haben hier schicke Boutiquen oder sogenannte Flagship Stores. Wenn du dich für Mode interessierst, kannst du hier ein paar schöne Tage verbringen.«

Bevor wir auf dumme Gedanken kommen, führt uns Jay ins Sant Ambroeus, gegründet 1936. Hier, auf der Madison, zwischen 77th und 78th Street, trinken viele New Yorker seit Jahrzehnten am liebsten ihren Espresso. Während auch wir das köstliche Getränk genießen und die grün-rosa Speisekarte durchblättern, erklärt uns Jay das New Yorker ›Kastensystem‹: »Es mag stereotyp klingen, aber in New York ist alles sehr sortiert. Die Taxifahrer sind zumeist Pakistaner, fast alle Diner gehören Griechen, die Waschsalons sind in der Hand von Chinesen, die Minimarkets werden von Koreanern betrieben, die meisten Kellner und Dienstleister sind Latinos, und Espresso samt Pasta ist nach wie vor ein italienisches Gewerbe.«

Wir schlendern die Madison weiter in Richtung Norden, vorbei an endlosen Schaufenstern, bis wir in der 92nd Street in Richtung Fifth Avenue und Central Park abbiegen.

Das Metropolitan Museum an der Ostseite des Central Park versteht sich als ›Universalmuseum mit dem Anspruch auf Vollständigkeit aller Kunstepochen‹. 1872 eröffnet, gehören heute mehr als drei Millionen Ausstellungsstücke zur Sammlung. Von ägyptischer Kunst über bedeutende Werke des Impressionismus bis zu modernster Kunst ist hier alles zu finden.

Rechts: der Blick in die Rotunde des Solomon R. Guggenheim Museums.

5. DIE FIFTH AVENUE AM CENTRAL PARK: DIE MUSEUM MILE

Die Fifth Avenue ist eine spannende Achse mitten durch Manhattan. Im südlichen Teil wird sie zur Luxus-Shoppingmeile, beginnend mit dem Apple Store an der Südostecke des Central Park. Aber bis dahin sind es noch fast zwei Meilen und etwa eine halbe Stunde Fußmarsch.

Von der 92nd Street südwärts passiert man auf der rechten Straßenseite den Park, der, wie schon angemerkt, 1860 angelegt wurde, als es fast noch keine Häuser in dieser Gegend gab. Heute reiht sich links ein Weltklasse-Museum an das andere. Jay weist uns bereits beim Abbiegen auf das Jewish Museum hin: »Viel über die Geschichte des Judentums und immer wieder aktuelle Themen von heute. Sehr spannend!« Wir gehen daran vorüber, und Jay deutet auf das nächste Gebäude: »Das Cooper Hewitt Smithsonian Design Museum ist spezialisiert auf Design, zeitgenössisches und historisches; es ist auch bekannt für ganz hervorragende Spezialausstellungen.«

Etwas weiter südlich steht das architektonische Highlight der Straße, ein wahres Schmuckstück. »Frank Lloyd Wright hat sich mit dem Guggenheim Museum ein Denkmal gesetzt. Manche sagen, dass das Gebäude noch spannender sei als die vielen Bilder an den Wänden und Skulpturen in den Räumen. Die Wände sind in der Rotunde des Hauptbaus teilweise so rund, dass man Bilder gar nicht so perfekt hängen kann. Kritiker nennen das Guggenheim ›Waschmaschine‹. Meine Frau wohnt quasi hier, ich liebe besonders das Museum of Natural History auf der anderen Seite des Parks.« Jay ist Wissenschaftler durch und durch. Der freundliche Herr am Einlass gewährt uns einen Blick in das Atrium. Fazit: atemberaubend.

»Die Neue Galerie - das ist was für euch!«, freut sich Jay: »Die sind hier spezialisiert auf deutsche und österreichische Künstler.« Er zählt auf: »Gustav Klimt, Edward Steichen, Egon Schiele, Oskar Kokoschka, Alfred Kubin, Alfred Stieglitz, Max Beckmann, Emil Nolde, Ernst Ludwig Kirchner und viele mehr.« Jay verabredet mit der Museumsleiterin einen Besuchstermin für uns für den nächsten Tag. »Da müsst ihr einfach rein, das ist aus eurem Land!« Folgsam sind wir seinem Rat gefolgt und waren begeistert von der Vielfalt und der liebevoll zusammengestellten Sammlung dieses verhältnismäßig kleinen Museums.

Es geht weiter auf der anderen Straßenseite, am Parkrand steht das Metropolitan Museum of Art. »Das ist so etwas wie unser Louvre. Viele Impressionisten, eine Abteilung für Ägyptologie, viele amerikanische Künstler. Ein Muss!«

Die Museumsmeile endet mit der Frick Collection, Höhe 70th Street. »Das ist das ehemalige Wohnhaus eines reichen Industriellen. Schon das Haus ist irre!« Wir haben es ein paar Tage später überprüft, auch die Kunst darin lohnt den Besuch. Eine Beobachtung: Sind wir mit Menschen aus New York ins Gespräch gekommen, war die Frick Collection quasi immer der Geheimtipp, das heimliche Must-See.

SPEED
LIMIT
30
ONE WAY
ONE WAY
5 AV
MUSEUM
MILE
6898
NYC TAXI

Das Solomon R. Guggenheim Museum des Architekten Frank Lloyd Wright ist als Gebäude schon ein Kunstwerk. Das berühmte Museum wurde am 21. Oktober 1959, ein halbes Jahr nach dem Tod seines Erschaffers, eröffnet.

6. DER TEMPLE EMANU-EL

Jay ist stolz, uns zum Ende unseres Besuches den jüdischen Temple Emanu-El zu zeigen. Der Name bedeutet im Hebräischen ›Gott ist mit uns‹. »Über viele Jahre war dies seit der Einweihung 1929 die größte Synagoge der Welt. 2.500 Menschen finden hier Platz, meistens kommen aber nur so um die 200. Vor einigen Jahren wurde von den Chassidim, den ultraorthodoxen Juden in Jerusalem, eine deutlich größere Synagoge gebaut. Da passen etwa 6.500 Leute rein … und meistens kommen um die 9.000.«

Eine freundliche ältere Dame bittet uns in das Innere der Synagoge und erzählt uns die Geschichte der Gemeinde, die 1845 von 33 jüdischen Immigranten aus Deutschland gegründet wurde. Sie macht uns auf die zahlreichen Symbole im Gotteshaus aufmerksam. Jedes Fenster, jede Anzahl von Säulen oder Verzierungen hat eine Bedeutung, die auf die jüdische Tradition verweist. Die zwei Marmorsäulen im Chorraum stehen beispielsweise für die Rollen, auf denen die Thora aufgerollt wird. »Wir sind eine liberale reformierte jüdische Gemeinde, bei uns gibt es einen riesigen Chor, den haben die Orthodoxen nicht. Außerdem haben wir Bürgermeister Bloomberg, der zu unserer Gemeinde gehört und auch regelmäßig kommt.« Die Dame schließt damit, uns auf das Credo der reformierten Juden aufmerksam zu machen: »Do justly, love mercy and walk humbly with your God!« Wir verabschieden uns von ihr, dann von Jay und gehen erfüllt von vielen bemerkenswerten Begegnungen und Entdeckungen zurück in unser Quartier.

Emanu-El bedeutet ›Gott ist mit uns‹. Der Temple war über viele Jahre das größte jüdische Gotteshaus der Welt.

Big Apple Greeter
New York City

Die Tour mit Jay.

JAY FREEMAN

- wurde in Brooklyn in einer Art ›jüdischem Ghetto‹ geboren, in dem heute hauptsächlich Einwanderer aus Jamaika leben
- hat nie Jiddisch gelernt, obwohl seine Eltern die Sprache noch benutzten
- ist nach dem College nach Manhattan gezogen
- hat 1964 seine Frau Patricia geheiratet, die er im Gespräch sehr liebevoll P. F. nennt
- hat einen IT-Handel aufgebaut und dann Ende der 80er erfolgreich verkauft, ist anschließend im Alter von 47 Jahren in den Ruhestand gegangen, den er bis heute genießt
- lebt mit seiner Frau sieben Monate in NYC und die anderen fünf in London; die Tochter lebt ganzjährig in Edinburgh
- liebt es, fit und agil zu sein; nimmt einmal im Jahr mit seiner Frau an einem etwa 50 Kilometer langen Spaziergang rund um die Insel Manhattan teil und schafft heute noch 18 Klimmzüge
- ist Greeter seit 2002, führt am liebsten Briten durch New York

»WENN DU IN PARK AVENUE 740 EIN APARTMENT KAUFEN WILLST, MUSS DU ERST MAL NACHWEISEN, DASS DU MINDESTENS 40 MILLIONEN DOLLAR VERMÖGEN HAST. DER OPA VON JACKIE KENNEDY HAT DAS HAUS 1929 BAUEN LASSEN. UND HIER HABEN SIE ALLE GELEBT: DIE ROCKEFELLERS, DIE VANDERBILTS, DIE CHRYSLERS … NOCH HEUTE TRIFFT SICH HIER DER NEW YORKER GELDADEL AM BRIEFKASTEN.«

JAY, DU HAST ERZÄHLT, DASS DU SEHR GERNE WANDERST. IST DAS EIN GRUND, WARUM DU GREETER BIST?

Ich laufe sehr gerne, das stimmt. Aber eigentlich ist meine Frau Patricia die große Wanderin der Familie: Sie ist vom Norden Schottlands bis an die Südspitze Englands 2.000 km in 87 Tagen zu Fuß gelaufen. Ich habe lediglich die Route für sie gelaufen. Ich habe lediglich die Route für sie zusammengestellt. Ich persönlich bin eher der wissenschaftliche Tüftler, der gerne besonders präzise Informationen gibt. Ich glaube, es ist die Kombination, die mir so große Freude bereitet, Greeter zu sein: die Bewegung und der Austausch mit interessanten Leuten, denen ich mein Wissen weitergeben darf – ganz exakt natürlich … (lacht)

DAS KLINGT SPANNEND: WELCHE AUSBILDUNG HAST DU ALS JUNGER MENSCH GENOSSEN?

Ich habe die klassische New Yorker Schullaufbahn hinter mir und bin dann in einer Science-School gelandet. Später habe ich Elektrotechnik studiert und dann lange als Elektroingenieur gearbeitet, bevor ich mich 1980 mit einem IT-Handel selbstständig gemacht habe.

WIE BIST DU DAZU GEKOMMEN, MENSCHEN ALS GREETER DURCH DEINE STADT ZU FÜHREN?

Als P. F. viele Jahre nach mir in den Ruhestand gegangen ist, wollte sie sich ehrenamtlich engagieren. Erst da ist mir die Idee gekommen, dass ich das ja auch tun könnte; meine Frau hat mich also inspiriert. Ich habe dann zunächst älteren Leuten am PC geholfen, war dafür aber zu ungeduldig. Als ich von Big Apple Greeter hörte, wusste ich: Das will ich tun.

MIT WEM BIST DU AM LIEBSTEN UNTERWEGS?

Ich begleite fast ausschließlich britische Touristen. Zumeist Ehepaare, die ohne ihre Kinder reisen. Die Interessen junger und älterer Gäste gleichzeitig unter einen Hut zu kriegen scheint mir nur schwer möglich zu sein.

WENN DU DIR NEBEN LEUTEN AUS GROSSBRITANNIEN WUNSCHGÄSTE AUSSUCHEN DÜRFTEST, WER WÄREN DEINE FAVORITEN?

Ganz klar die Holländer. Ich liebe deren Geschichte und die Art dieser Leute. Wenn es eine Person sein dürfte, wäre das Richard Feynman, ein amerikanischer Physiker, der 1965 den Nobelpreis gewonnen hat. Der Mann war hochintelligent und in breitester Weise an allem interessiert. Es muss riesigen Spaß gemacht haben, sich mit ihm auszutauschen.

WAS WAR BISLANG DIE GRÖSSTE HERAUSFORDERUNG, VOR DIE DICH EIN GAST GESTELLT HAT?

Eine junge Frau hatte mich vor unserem Spaziergang informiert, dass sie Rollstuhlfahrerin sei. Das musste ich sehr sorgfältig vorbereiten, denn ich habe bis zu diesem Zeitpunkt nie darauf geachtet, ob man irgendwo mit einem Rollstuhl hinkommen kann. Als sie dann da war, hat es pausenlos geregnet. Trotzdem hat sie bei allem super mitgemacht. Am Ende waren wir beide völlig durchnässt, aber wir haben den Tag miteinander sehr genossen.

WAS IST FÜR DICH DAS BESONDERE AN DER UPPER EAST SIDE, SPEZIELL AN DER PARK AVENUE?

Die Gegend ist zum Wohnen perfekt, weil hier alles unaufgeregt und kultiviert zugeht. Normalerweise liegt hier jeder abends um 23 Uhr im Bett. Aber vor allem fasziniert mich die Geschichte dieser Gegend. Das war hier nicht immer die Wohngegend für gut situierte Bürger. Die meisten der Häuser stammen aus den 1920er Jahren. Bis dahin war die Park Avenue die Gegend, in der die reichen Kaufleute der 5th Avenue die Ställe für ihre Pferde hatten und viele Produktionsstätten lagen. Ein entscheidender Schritt auf dem Weg zu dieser schönen Ecke heute war 1809 die Einführung des Grids (des rechteckigen Grundrisses) als planerisches Raster für ganz New York bis zur 155th Street. Seitdem ist viel passiert. Als dann der Eisenbahn-Magnat Vanderbilt die Schienen unterirdisch legen musste, wurde die Gegend hier über der Erde so schön, wie ihr sie heute seht.

WONDER WHEEL
WONDER WHEEL
MORE RIDES
FUN
GAMES
EXCITEMENT
THRILLS

15

BROOKLYN CONEY ISLAND

MIT MARIANNE GENNARI

FM DR

WILLKOMMEN IN CONEY ISLAND:

HISTORISCHER VERGNÜGUNGSPARK ZWISCHEN »LITTLE ODESSA« UND ATEMBERAUBENDEM ATLANTIKSTRAND

Was für eine schöne Vorstellung: In den 50er Jahren sind die Büromenschen von Manhattan an heißen Sommertagen spontan in die Metro gestiegen und rausgefahren nach Coney Island. »Den Beach Shop, in dem sie sich dann ganz fix mit Badehose, Bikini und Handtuch ausgestattet haben, gibt es heute noch!«, berichtet Marianne Gennari, die immer wieder begeistert hierherkommt. »Coney Island ist Sommer. Immer!«

Wenn man auf der breiten Holzpromenade steht und auf die Weite des Atlantiks blickt, stellt man fest, dass man aufgrund der Vielfalt der Supermetropole leicht vergisst, dass New York City auch diesen großartigen Strand hat. Wunderschön, breit, von schier endloser Länge. »Aufgrund der Nähe zur U-Bahn-Station ist man in Nullkommanichts hier. Drei Ecken, und diese Erholungsoase liegt dir zu Füßen!«

Coney Island bedeutet eigentlich Kaninchen-Insel (coney ist ein veraltetes englisches Wort für Kaninchen) und man ahnt, wer hier zur Zeit der ersten Siedler die Oberhand hatte. Als dann die New Yorker Mitte des 19. Jahrhunderts mehr und mehr den Freizeitwert ihres Naherholungsgebietes entdeckten, begann die wundersame und bewegte Geschichte der Kaninchen-Insel: »Coney Island hat seit 1829 manche Gesichter gehabt. Zuerst war hier die Sommerfrische für wohlhabende New Yorker. Dann verkam Coney Island zum Dorado für Glücksspiel und Prostitution, wandelte sich später aber wieder zum Freizeitpark für jedermann. Diese Entwicklung hin zum Guten nennen die New Yorker heute noch das Wunder von Coney Island, weil nur wenige Gegenden nach Jahren des Abstiegs so die Kurve gekriegt haben.« Heute suchen die Verantwortlichen erneut nach einem Nutzungskonzept, um diesen schönen Flecken Erde wieder so attraktiv und beliebt zu machen, wie er es in den 1930er Jahren war. »Das Potenzial ist auf jeden Fall vorhanden: ein wunderbarer Atlantikstrand mit Metro-Anschluss …«, meint Marianne unbesorgt.

45.000 Menschen nennen heute Coney Island ihr Zuhause. Rund ein Drittel dieser Bewohner leben in Sozialwohnungen, zumeist in sehr heruntergekommenen Hochhausblocks, allerdings mit atemberaubendem Ausblick. »Es bleibt abzuwarten, ob diese Ecke auch wieder von Wohlhabenderen entdeckt wird und die sprichwörtliche Gentrifizierung ihren Lauf nimmt«, bemerkt Marianne. Man spürt, dass sie das mit gemischten Gefühlen sagt. Im östlich gelegenen Brighton Beach wurden die preiswerteren Apartments bereits in weiten Teilen renoviert und verschönert; dieser Teil heißt im Volksmund seit den 1960er Jahren auch Little Odessa, weil dort vornehmlich russische Juden leben. Der westliche Teil, direkt hinter den Vergnügungsparks, ist hingegen von sichtbarer Armut geprägt.

Wendet man den Blick von den trostlosen Fassaden, schaut man über den historischen Vergnügungspark mit seinen blinkenden und glitzernden Fahrgeschäften auf den Strand und die davor liegende etwa 20 Meter breite Promenade aus diagonalen Holzplanken, die dem Ort die Athmosphäre eines mondänen Seebades verleiht. »Hier kann man schwimmen, fischen, Beachvolleyball spielen. Es gibt jede Woche ein Feuerwerk, vielseitige Live-Unterhaltung, und das alles umsonst. Viele Touristen, die nach New York kommen, wissen gar nicht, dass New York auch einen großartigen Strand hat.«

Die bizarren Formen und die grellen Farben des Vergnügungsparks auf Coney Island sind von überall gut zu sehen.

Nathan's
FAMOUS INC
TAKE
HOME
FOOD
ORIGINAL
NATHANS
FAMOUS

1. CONEY ISLAND METRO STATION UND NATHAN'S FAMOUS HOT DOGS

Unser Spazierweg beginnt an einer besonderen Metro-Station: Coney Island, Stillwell Avenue, 1915 fertiggestellt, 2004 renoviert und noch heute eine der größten oberirdischen Metro-Stationen der Welt. In Spitzenzeiten sind hier über eine Million Fahrgäste pro Tag angekommen. Gleich nebenan befindet sich eine New Yorker Institution, der erste Nathan's-Hot-Dog-Stand. Hier wurde schon Fast Food serviert, bevor es Hamburger gab.

Marianne berichtet uns, wie der Mythos rund um Nathan's Hot Dogs entstand: »Der deutsche Einwanderer Charles Feltman war der Erste, der 1867 auf die Idee kam, ein Würstchen in einem weichen Brötchen zum Mitnehmen zu verkaufen, so dass die Leute während des Gehens essen konnten.«

Im Restaurant von Mr. Feltman arbeitete ein Angestellter namens Nathan, der damals so arm war, dass er zunächst auf dem Küchenboden schlafen musste. Als Startkapital für sein eigenes Unternehmen hatte er das Rezept für Würstchen von der Großmutter einer Freundin und ein wenig Geld, das zwei ehemalige Kollegen ihm liehen, die erfolgreiche Schauspieler geworden waren. Als Nathan 1916 sein eigenes Geschäft eröffnete, verkaufte er seine Hot Dogs zum halben Preis, um sich gegen den Platzhirsch durchzusetzen.

»Aber keiner wollte seine Hot Dogs. Die Leute dachten, dass die sicher schrecklich schmeckten, weil sie so billig waren.« Da kam Nathan auf die geniale Idee, sich im örtlichen Krankenhaus Ärztekittel auszuleihen. Er engagierte befreundete Schauspieler, die sich in diesen Kitteln an seinen Stand stellten und Nathan's Hot Dogs aßen. Das stimmte die Passanten um: »Die Hot Dogs müssen super sein, wenn Ärzte sie mögen!« Und so begann eine großartige Erfolgsgeschichte. Seit 1916 gibt es hier jedes Jahr am Nationalfeiertag, dem 4. Juli, einen International Hot Dog Eating Contest. Den Rekord hält aktuell ein schmächtiger Japaner, der 62 Hot Dogs in drei Minuten in sich hineinstopfte.

Nathan's Famous Hot Dogs ist eine Institution für einen guten ›Dog‹ in New York. Legendär: der Hot Dog Eating Contest, jeweils am 4. Juli, dem amerikanischen Nationalfeiertag.

2. DER MCU PARK MIT DEM BASEBALL-STADION

Marianne führt uns vorbei am Baseball-Stadion im MCU Park, der zur Wiederbelebung Coney Islands errichtet wurde. »Baseball, der traditionsreichste Lieblingssport der Amerikaner, hat hier an historischer Stätte in Coney Island eine besondere Bedeutung. Nachdem die Brooklyn Dodgers nach dem Zweiten Weltkrieg nach Kalifornien abgewandert waren, sind die Leute umso begeisterter, dass Baseball mit den Brooklyn Cyclones heute wieder back in town ist.« Auch Marianne ist ganz offensichtlich begeisterte Anhängerin. Sie weist uns auf ein Denkmal hin, das an Jackie Robinson, den ersten afroamerikanischen Baseballspieler, erinnert. Und an seinen Captain Pee Wee Reese, der seine Mitspieler und die Fans seinerzeit dazu brachte, den farbigen Mitspieler respektvoll zu behandeln.

Baseball ist für den Amerikaner, was Fußball für den Deutschen ist. So ist die Begeisterung der Menschen zu verstehen, dass mit den Cyclones heute wieder ein Baseball-Team hier in Coney Island zu Hause ist.

3. BROOKLYN WALL OF REMEMBRANCE

Emotionaler Höhepunkt unseres Besuchs in Coney Island ist die Erinnerungsstätte Brooklyn Wall of Remembrance: Die riesige Wand ehrt die Feuerwehrleute und Polizeibeamten, die die Terrorangriffe am 11. September 2001 mit ihrem Leben bezahlt haben. »Coney Island selbst lebt davon, dass man sich an die gute Zeit dieses Bezirkes erinnert. Der richtige Ort, um hier die Porträts dieser Helden unserer Zeit zu sehen und ihre Namen zu lesen. Es ist wichtig, sich zu erinnern und nicht zu vergessen.«

Mit dem Song *Under the Boardwalk* setzten The Drifters dem Riegelmann Boardwalk 1964 ein musikalisches Denkmal. Dass es die Promenade heute noch in ihrer ursprünglichen Form als Holzdeck gibt, verdanken wir einer Bürgerinitiative.

4. DER STRAND UND DER RIEGELMANN BOARDWALK

Als wir um die nächste Ecke biegen, liegt er vor uns: der weitläufige Strand von Coney Island mit der breiten Strandpromenade und dem majestätischen Riegelmann Boardwalk. Holzbeplankt wie in seinen großen Tagen, so dass man sich beinahe in ein Postkartenmotiv des vorvergangenen Jahrhunderts zurückversetzt fühlt. Gleich am Anfang der Promenade ragt der Coney Island Pier weit auf den Ozean hinaus. 1879 wurde er als Anlegestelle für große Dampfschiffe gebaut. Da die Insel später auch mit der Bahn erreichbar war, wurde der Pier umfunktioniert und vor allem für Tanzveranstaltungen genutzt. Heutzutage tummeln sich hier viele Angler.

Der Riegelmann Boardwalk ist beeindruckende 25 Meter breit und großzügige drei Meilen lang. Wer dem Trubel der Stadt entkommen möchte, kann hier wunderbar flanieren und sich den Kopf von frischer Meeresluft frei pusten lassen. »Irgendwann entstand in der Stadtverwaltung die Idee, das schöne Holzdeck komplett durch Asphalt zu ersetzen, aber ein Bürgerbegehren hat zu dem Kompromiss geführt, dass der Boardwalk wenigstens zur Hälfte der Breite im originalen Holz erhalten bleibt.« Heute denkt jeder: Was für ein Glück, dass diese Schönheit erhalten wurde und das Bürgerengagement zu einem Happy End geführt hat.

Die Weitläufigkeit der Strandpromenade entspannt den Spaziergänger und lässt ihn beim Blick auf Sandstrand und Atlantikwellen tief durchatmen.

5. DER CONEY ISLAND VERGNÜGUNGSPARK

Man kann es schon von weitem sehen: das Wonder-Wheel-Riesenrad, das bunt in den blauen Himmel ragt und jedermann fast zwangsläufig lächeln lässt. Auch wir können der Versuchung nicht widerstehen und steigen mit Erinnerungen an Rummelbesuche in der Kindheit ein. Von oben hat man einen guten Blick auf die Vergnügungsparks und Restaurants, die sich am Boardwalk knallbunt aneinanderreihen.

Gleich neben dem Riesenrad befindet sich das Cyclone, eine der ersten Achterbahnen der Welt. 1927 eröffnet, steht die Holzkonstruktion mittlerweile unter Denkmalschutz. Sie ist zwar noch in Betrieb, aber es bedarf schon einigen Mutes und einiger Abenteuerlust, die wilde Fahrt in der klappernden historischen Bahn anzutreten.

Die Fahrgeschäfte auf Coney Island haben eine lange Tradition: »1876 wurde hier das erste Karussell aufgestellt. Nach und nach entstand dann aus vielen Attraktionen ein riesiger Vergnügungspark.« Nicht nur Nostalgiker, sondern auch viele Kids drehen mit großer Begeisterung ihre Runden im Wonder Wheel und auf dem Cyclone. Selbst für Zuschauer geht von den beinahe 100 Jahre alten Konstruktionen eine große Faszination aus. Auch das ist New York. Marianne weist uns auf eine interessante Beobachtung hin: »Viele veraltete Karussells werden, wenn sie nicht mehr den Sicherheitsanforderungen entsprechen, einfach stehen gelassen und verfallen als Relikte einer vergangenen Zeit. So entsteht irgendwie ein spannendes Freiluftmuseum …«

Einer der markanten Oldies, die heute ausgedient haben, ist der Parachute Jump, wegen seiner Stahl-Skelett-Bauweise auch ›Eiffelturm von Brooklyn‹ genannt. Er stand 1939 auf der New Yorker Weltausstellung im Flushing Meadows Park in Queens und wurde anschließend hierhertransportiert, wo er bis 1968 als Fahrgeschäft in Betrieb war. Seit 1977 ist der Turm eines der offiziellen Wahrzeichen New Yorks.

Ein buntes Relikt vergangener Tage. Der Vergnügungspark auf Coney Island wirft das Kopfkino an und lässt Bilder aus den 30er Jahren wachwerden.

6. MEERESFORSCHUNGS-ZENTRUM OSBORN LABORATORIES OF MARINE SCIENCES

Nach Adrenalin-Kick und Sonnenhitze bietet das New York Aquarium kühlenden Schatten und wohltuende Ruhe. Im angeschlossenen Meeresforschungs-Zentrum Osborn Laboratories of Marine Sciences (OLMS) kümmern sich Forscher unter anderem um Delfine, Haie und Korallen. »Hier gelang es erstmals, dass ein Blauwal in Gefangenschaft geboren wurde und überlebte«, berichtet uns Marianne.

Seit 1957 hat das Aquarium seine Pforten geöffnet. Mehr als 350 Meerestierarten können hier bestaunt werden.

NO SWIMMING

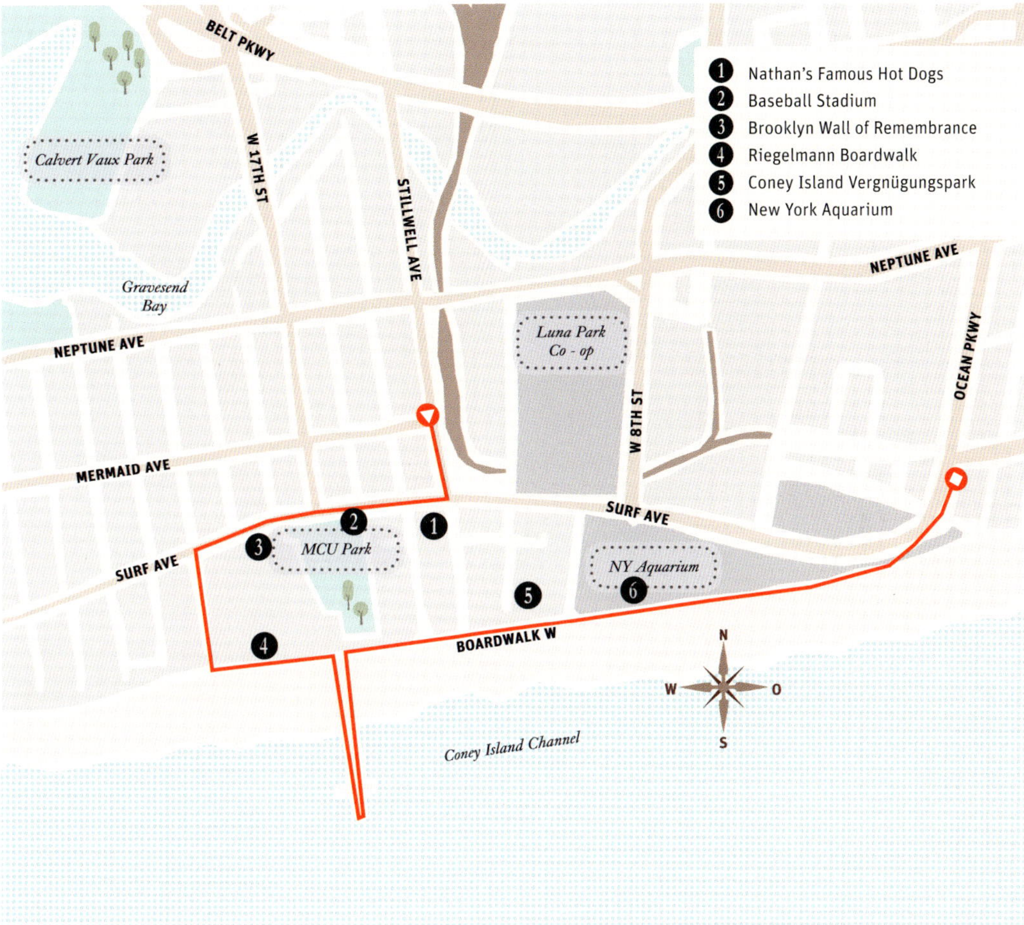

Die Tour mit Marianne.

MARIANNE GENNARI

- ist seit über 30 Jahren Compliance Officer für eine Bank im Bereich Anti-Terror und Geldwäsche
- war 2009 dabei, den Job zu wechseln, und hatte eine längere Pause. Die Vorstellung, einfach nichts zu tun, war für sie keine Option. So meldete sie sich kurzentschlossen auf eine Anzeige der Big Apple Greeter und fing noch in der gleichen Woche als freiwillige Helferin an
- ist Greeter geblieben, als sie wieder anfing zu arbeiten
- zeigt heute häufig anderen Greetern Coney Island
- liebt Baseball, besonders das neue Team in Brooklyn, die Brooklyn Cyclones

»CONEY ISLAND WURDE FÜR VERGNÜGEN UND ERHOLUNG GEBAUT: KEIN STRESS, NUR SPASS. JEDER KANN KOMMEN, OHNE EINTRITT ZU BEZAHLEN, JEDEM STEHT ALLES OFFEN.«

WIE ERLEBST DU ALS NEW YORKERIN DIE MENSCHEN IN NEW YORK?

Es gibt ja die landläufigen Vorurteile, dass New York eine kalte, distanzierte, snobistische Gesellschaft sei. Aber das ist meiner Beobachtung nach nicht wahr. New York ist eine ausgesprochen freundliche Stadt. Die meisten Bewohner sind sehr dankbar für die vielen Touristen, weil sie Geld für die Geschäfte und die Wirtschaft bringen. Du kannst überall nach dem Weg fragen, jeder hilft gerne. Außerdem gibt es an jeder Ecke einen Polizisten; man braucht seine Hand nur hochzuhalten, schon hält ein Taxi und bringt einen nach Hause.

STIMMT ES, DASS NEW YORKER SICH BESONDERS STARK MIT IHRER STADT IDENTIFIZIEREN?

Ja, ich glaube, das ist so. Zunächst weil die Stadt wirklich so besonders ist, weil hier tagtäglich die Luft knistert. Aber auch durch die Ereignisse rund um den 11. September. Das hat den Menschen einerseits ihre Unbekümmertheit genommen. New York ist seither reflektierter, nachdenklicher, die Stadt ist bestimmt nicht mehr so, wie sie vorher war. Andererseits ist New York definitiv auch vereinter, gemeinschaftlicher geworden. Die Menschen helfen sich heute gegenseitig mehr und unterstützen einander im Alltag. Dieser Gemeinschaftssinn schafft natürlich Identifikation.

HAT DIE STADT EINEN BESONDEREN SPIRIT? UND WIE WÜRDEST DU DEN BESCHREIBEN?

Ich fühle mich hier sehr frei: frei, meine Meinung zu sagen. New York ist offen für andere Ansichten und Kulturen. Hier kann jeder er selbst sein.

UND WAS MAGST DU BESONDERS AN NEW YORK CITY?

Ich liebe es, durch die Straßen zu wandern, neue Gegenden zu entdecken. In einer Stadt dieser Größe findest du immer einen Ort, an dem du noch nie warst. Es ist faszinierend, dass es in New York nichts gibt, was man nicht bekommen oder machen kann. Es gibt Restaurants aus aller Welt, man kann wunderbar einkaufen. Und dann ist da diese Spannung und Aufregung, diese Energie. Kunst in allen Facetten und Stilrichtungen, Museen, Konzerte, Oper … und hier in Coney Island sogar dieser überwältigende Strand. Quasi die ganze Welt in einer Nussschale!

WARUM LIEBST DU BROOKLYN GANZ BESONDERS?

Brooklyn ist der beste Borough von New York. Fabelhafte Architektur, ein wunderschöner Zoo und der großartige Botanische Garten: toll für Familien. Hier findest du aber ebenso einfach ›peace of mind‹. Das ist gerade in einer pulsierenden Metropole entscheidend. Mein Lieblingsplatz in Brooklyn ist Coney Island. Coney Island ist einfach immer Sommer!

WAS SOLLTE MAN IN CONEY ISLAND NICHT VERPASSEN?

Ein Baseball-Spiel! Die Leute aus Brooklyn sind die größten Baseballfans der Welt. Der Enthusiasmus der Menschen ist einfach unglaublich. Sie erklären gerne den Touristen das Spiel, so dass jeder das Stadion als Fachmann verlässt. Und natürlich gehört dazu immer, einen Hot Dog bei Nathan's zu essen und danach einen Candy-Apple oder das einmalige Eis in Williams Candy Company.

Lacquer
Thinner

16

MANHATTAN EAST VILLAGE

MIT SHERYL HARAWITZ

TJ MK

WILLKOMMEN IM EAST VILLAGE:

IMMER WIEDER ANFANGEN, DAMALS WIE HEUTE. DAS IST DAS EAST VILLAGE

»Das East Village ist das echte, erdige New York. Hier fing alles an. Die heutige Bowery war früher der Pfad zur Farm von Peter Stuyvesant, des ersten holländischen Gouverneurs der Stadt. An der Cooper-Union-Hochschule hat Lincoln seine berühmte Rede ›Right gives might‹ gegen die Sklaverei gehalten. Nirgends tauchst du so tief in die Geschichte der Stadt ein wie in der Lower East Side.« Sheryl Harawitz ist mit ganzem Herzen New Yorkerin und darüber hinaus stolze Einwohnerin des geschichtsträchtigen East Village, das sich unterhalb der 14th Street bis zur Houston Street und östlich von der 3rd Avenue bis zum East River erstreckt.

Als Sheryl 1992 mit ihrer Familie ins East Village zog, haben viele ihrer Freunde und Bekannten sie für verrückt erklärt. Die Gegend war gerade dabei, eine große Krise zu überwinden, und gab damals ein trostloses Bild ab: Drogenabhängige und Obdachlose prägten die Straßen, fast alle Geschäfte in Sheryls Umgebung hatten den Betrieb aufgegeben.

Heute wird sie bewundert, wenn sie ihre Adresse nennt, denn jeder denkt unweigerlich an die vielen geschichtsträchtigen Orte der Gegend. An die Ländereien Stuyvesants, die St. Marks Kirche, in der der ehemals mächtigste Mann der Stadt begraben liegt, an die großen Siedlungen deutscher und osteuropäischer Einwanderer, deren Geschichte im großartigen Tenement Museum nachvollzogen werden kann. Für die Cineasten ist das Katz's Delicatessen in der Houston Street ein Wallfahrtsort: Hier wurde eine berühmte Szene aus *Harry and Sally* mit Meg Ryan und Billy Crystal gedreht. Und außerdem werden hier seit 1888 mit prallvollen Sandwiches und Burgers klassische Delicatessen im Stil amerikanischer Diner serviert. Kalorien zählen muss man an anderen Tagen.

Sheryl liebt es, mit Gästen aus der ganzen Welt durch ihre Nachbarschaft zu ziehen: »Während sich der Zauber vieler Orte in New York von allein erschließt, am Times Square oder im Central Park zum Beispiel, braucht man im East Village einen Kenner, der einen auf all die wertvollen Dinge hinweist, die man alleine nicht entdeckt. Es macht mir viel Freude, meinen Gästen die Schätze dieser fantastischen Gegend nahezubringen. Das East Village ist eine der Geburtsstätten Amerikas und immer noch eine Gegend unabhängiger Geister; auf beides sind wir hier alle sehr stolz.«

»Das East Village eignet sich besonders für einen Besuch mit einem Big Apple Greeter. Während sich der Times Square oder der Central Park an vielen Stellen selbst erklären, profitiert man hier sehr vom Kenner, der die Bedeutung der historisch wertvollen Lower East Side erschließt«, empfiehlt Sheryl Harawitz.

ATM
EAST VILLAGE FINEST DELI
BREAKFAST & LUNCH
ONE WAY
E 4
EAST VILLAGE
DELI
ATM
FedEx

KIEHL'S
SINCE 1851

1. KIEHL'S-STAMMHAUS

Die deutsche Familie Kiehl gründete hier an der Ecke 3rd Avenue und 13th Street im Jahre 1851 eine Apotheke. Mittlerweile hat sich daraus ein weltweit operierendes Kosmetikunternehmen entwickelt. Einrichtungsstil und Verpackung der Produkte deuten auch heute noch auf ihren Ursprung in dieser East Village Pharmacy hin.

Als wir mit Sheryl um die erste Ecke unseres Spazierganges biegen, hören wir das verzweifelte Piepen eines kleines Vogels. Er ist aus seinem Nest in einen Pappkarton vor dem Kiehl's-Stammhaus gefallen. Der Laden ist noch geschlossen, allerdings sind zwei elegant gekleidete Verkäuferinnen bereits beim Einräumen der Regale. Nach sanftem Klopfen an der Fensterscheibe kann der Vogel gerettet werden. Die beiden tragen ihn auf einem Stück Pappe durch das Treppenhaus zurück ins Nest. »Ihr dürft ihn nicht anfassen«, warnt Sheryl, »sonst verstößt ihn die Mutter.«

So hatten wir nach fünf Minuten bereits eine Geschichte erlebt, die für Sheryl ein typisches Beispiel für den Geist des East Village ist: »Hilfsbereitschaft und Gemeinschaftssinn werden hier seit jeher großgeschrieben. Dieser Ort, der von Einwanderern geprägt wurde, hatte schon immer einen großen Zusammenhalt.«

Die Rettung eines kleinen Vogels mit Hilfe der Kiehl's-Angestellten. Ein erstes Zeichen der sprichwörtlichen Hilfsbereitschaft der Menschen im East Village.

2. UKRAINIAN CHURCH UND »KLEINDEUTSCHLAND«

»Die ersten Einwanderer, die sich im East Village angesiedelt haben, waren Deutsche, später kamen vor allem Menschen aus Osteuropa her«, erklärt uns Sheryl.

Die prächtige ukrainische Kirche wird noch heute von Gläubigen besucht, die mittlerweile in anderen Stadtteilen leben.

Die deutschen Siedler haben diesen Teil der Stadt 1904 nach dem großen Schiffsunglück in Richtung Upper East Side verlassen. Damals kamen mehr als 1.000 deutsche Frauen und Kinder auf dem Ausflugsschiff General Slocum um, als es im East River sank. Eine Statue im Tompkin Square Park erinnert heute noch daran.

Damals wurden Häuser nicht von Architekten entworfen. »Jeder der Einwanderer, der etwas konnte, hat sein Handwerk eingebracht; manche hatten Bücher, in denen stand, wie man Häuser baut«, erklärt Sheryl. Dafür sieht das alles bis heute sehr gut aus.

An die ukrainischen Einwanderer erinnert die prächtige Kirche mit viel Gold und zahlreichen verzierten Ikonen.

3. ST. MARK IN THE BOWERY UND ST. MARK STREET

Wir biegen in die St. Mark Street ein. Die einzige Straße in New York, die drei Namen hat: St. Mark Street, Astor Place und 8th Street.

In der Kirche St. Mark in the Bowery liegt Peter Stuyvesant, der erste Gouverneur der Stadt, begraben. Allerdings wurde er von seinen Verwandten einbetoniert. »Sie wollten sicherstellen, dass der alte Fiesling aus seinem Grab wirklich nicht mehr herauskommt«, erklärt Sheryl. Stuyvesant war als ›harter Hund‹ bekannt und gleichermaßen unbeliebt bei der Bevölkerung und seiner eigenen Familie.

»Die St. Mark Street ist die einzige Straße in New York, die exakt mit dem Kompass nach Norden ausgerichtet wurde. Stuyvesant wollte, dass die Straße von der Pforte seines Hauses genau in Richtung Norden auf die St.-Marks-Kirche zuläuft. Er hat dafür gesorgt, dass die Straße nicht verlegt werden durfte. Daher liegt sie im rechteckigen Straßenraster heute ein bisschen schief.«

Eine Erklärung, warum die holländischen Kaufleute seinerzeit die Stadt wehrlos den angreifenden Engländern übergeben haben, lautet: Man wollte sich vom unbeliebten Stuyvesant befreien. Außerdem wollte man weiter Handel treiben, egal unter wessen Leitung, anstatt die Zerstörung der Stadt zu riskieren. Bis heute prägt dieser ökonomisch-pragmatische Geist New York.

Die Bowery, der man klanglich noch heute anhört, dass ihrem Namen das Wort ›Bauerei‹ (für Landwirtschaft) zu Grunde liegt, führte aus der damaligen Stadt zu den Ländereien und später auch zum Wohnhaus des Holländers. Der andere Weg aus der Stadt heraus war der Broadway, seinerzeit Handelsstraße, der ebenfalls heute noch dem Verlauf des damaligen Pfades entspricht.

Interessant: Als die Besiedlung fortschritt, wurde die Bowery der erste Theaterdistrikt der Stadt, bevor dann erst später am Broadway Theater eröffnet wurden.

4. COOPER UNION

Die Cooper Union ist laut Sheryl die einzige Hochschule in den USA, die bis heute keinerlei Gebühren erhebt. Als der Industriebaron Peter Cooper die Schule im Jahre 1859 gründete, hatte er das Ziel, allen Menschen unabhängig von ihrer Herkunft Zugang zu guter Bildung zu verschaffen. 1860 hielt der damals noch unbekannte Abraham Lincoln hier vor 1.500 Zuhörern seine berühmte Rede gegen die Sklaverei (Right gives might), die heute als Meilenstein auf seinem Weg zur Präsidentschaft gilt.

Die Liste der Absolventen der Cooper-Union-Hochschule ist beeindruckend: Thomas Alva Edison hat hier studiert, bevor er später die Glühbirne erfand, Bob Kane ist hier zur Schule gegangen, er hat später Batman gezeichnet, der Architekt Daniel Libeskind war Cooper-Union-Student und auch der Regisseur Mike Mills. Heute schaffen es nur zehn Prozent der Bewerber, den angestrebten Studienplatz zu erhalten.

Peter Cooper selbst war ein ungebildeter Mann, der durch harte Arbeit zu seinem Vermögen kam. Anderen durch gute Bildung eine Chance zu geben und ihnen so ihren individuellen Weg zu ermöglichen, das war sein erklärtes Ziel.

Das neueste Gebäude der alten Wissenshochburg ist wieder ein Meilenstein, architektonisch, aber auch in ökologischer Hinsicht. Sheryl erklärt uns: »Das Dach des Gebäudes ist komplett als Forschungsgarten angelegt, man nutzt dafür das Regenwasser.«

POST
THE McSORLEY-NINE
McSORLEY'S OLD ALE HOUSE

5. McSORLEY'S OLD ALE HOUSE

Das Ale House von McSorley in der 7th Street behauptet bis heute von sich, die erste Kneipe in New York City gewesen zu sein, gegründet 1854. Sheryl glaubt das nicht: »Ich habe das mal im Internet überprüft. Der Gründer ist wohl erst 1860 von Irland hierhergekommen. Na ja, ziemlich alt ist der Laden trotzdem, und eines ist klar: In New York will eben immer jeder der Erste sein.« Man merkt ihr an, dass ihr die Kneipe nicht sympathisch ist. Auf Nachfragen antwortet sie: »Bis 1970 durfte da keine Frau rein. Das muss man sich mal vorstellen, dabei war lange Jahre die Eigentümerin eine Frau.«

Bis heute viel Bier und ein fragwürdiger Rekord. Fest steht, dass das McSorley's Old Ale House eines der ältesten der Stadt und damit der USA ist.

STO
"IRRESIST
A Sure-Fire Crowd Pleaser wit
—NY Times
128
RESTA
DAIRY & MEAT FOOD ★ HOME
"FABULOUS, FIERCE AND EXCITING!"
—Village Voice—
RESTAURANT
128
"Dazzling!"
"A gonzo group of daredevil musicians awe-inspiring, godzilla-like percussionists!"
—Chicago Sun-Times
"If you haven't seen STOMP, GO! If you have seen it, take someone who hasn't and share the pleasure!"
—Boston Herald
"Sets the pulse racing with a jiving cacophony of amazing percussion on the move. Don't miss it!"
—Edinburgh Evening News
"A SCINTILLATING SWEEP OF SYNCOPATION!"

Seit Jahren gastiert die Rhythmus-Performance-Show *Stomp* im Orpheum Theatre in der 2nd Avenue, zwischen 7th und 8th Street in der Lower East Side. Die Künstler erzeugen dabei Klänge und Rhythmen mit Alltagsgegenständen. »Irgendwie typisch für das East Village«, meint Sheryl. »Alten Sachen neuen Geist einzuhauchen, das liegt uns hier.«

6. TOMPKIN SQUARE PARK

Der Tompkin Square Park war früher als Marktplatz der Mittelpunkt von Kleindeutschland. Heute ist der städtische Park eine öffentliche Ruhezone und bietet schöne Ausblicke auf die umliegenden Häuser. Eines davon ist das Christodora House in der 9th Street (Nummer 143); gegründet für Sozialwohnungen, heute teures Apartmentgebäude. In der Nummer 151, gleich daneben, wohnte von 1950 bis 1954, kurz vor seinem Tod 1955, der berühmte Saxofonist Charlie Parker. Ein paar Häuser weiter erinnert die hübsche German Lutheran Church von 1843 daran, dass hier mal Kleindeutschland war.

DO NOT
ENTER
EXCEPT
AUTHORIZED
VEHICLES

7. POCKET GARDENS IN ALPHABET CITY

Etwa 20 sogenannte Pocket Gardens, wörtlich übersetzt ›Taschengärten‹, gibt es im East Village. Fast alle wurden von den Bewohnern der Gegend angelegt. Mehrheitlich sind die Gärten in Alphabet City zu finden, das ist der Bereich östlich der 1st Avenue, in dem die Avenues mit Buchstaben weiter gezählt werden. Der Garten in der 6th Street zwischen Avenue B und Avenue C ist sicher einer der schönsten seiner Art.

»Die Begeisterung des East Village für Blühendes geht auf Liz Christy zurück«, erklärt uns Sheryl. »Liz ist nachts mit dem Fahrrad durch die Straßen gefahren und hat kleine Ballons, gefüllt mit Blumensamen, Wasser und Dünger, auf leerstehende Grundstücke geworfen. Die Blumen haben die trostlosen Bauplätze in blühende Gärten verwandelt.« In der Tradition der ›Green Guerilla Bewegung‹ besetzen heute noch Bewohner des Village nahezu jede Baustelle, wenn ein Haus abgerissen wurde. Sie machen einen Garten daraus, bis das Grundstück wieder bebaut wird. Teilweise dauert das sehr lange, und die Gärten erfreuen für Jahrzehnte die Kinder und Anwohner als Spielplätze oder Ruheoasen. Den 6BC-Garten gibt es zum Beispiel schon seit 1982. Ursprünglich wurde er von gemeinsam angeheuerten Landschaftsgärtnern angelegt. Heute kümmern sich die Nachbarn um den kleinen Park, den man kostenlos besichtigen kann.

Ein wunderschönes Gartenhaus Zen-Bereich mit unterschiedlichste Kräuter und eine Vogeltränke: Mit dem 6BC-Garten ist den Anwohnern ein beispielhaftes Gartenprojekt gelungen, das heute allen Interessierten offen steht.

8. KATZ'S DELICATESSEN

Dieses amerikanische Diner gibt es in der Houston Street seit 1888. Hier wird seitdem mit dicken Sandwich-Stullen und dicken Ham- und Cheeseburgern klassisches amerikanisches Essen gereicht und genossen. Berühmt wurde das Diner durch eine bemerkenswerte Filmszene aus dem Jahre 1989. *When Harry met Sally* – so der amerikanische Originaltitel des Filmklassikers mit Meg Ryan und Billy Chrystal – kennt in Amerika jeder. Vor allem die Szene, in der die Dame am Nebentisch ›genau das haben möchte‹, was Meg Ryan gerade zuvor bestellt hat. Warum? Das muss man sich einfach mal anschauen.

Berühmt ist das Lokal aber auch für seinen Stil, der sich seit Jahrzehnten nicht zu verändern scheint. Sowohl, was das Essen und seine gleichbleibende Qualität angeht, als auch die typische Diner-Einrichtung. »Das Katz's ist ein Klassiker. Genauso wie der Film«, sagt Sheryl. »Und beides kann ich nur empfehlen.«

Mittlerweile herrlich angestaubt ist das Ambiente von Katz's Delicatessen, das sich durch den Film *Harry und Sally* bis heute großer Beliebtheit erfreut und wo seit 1888 zehn Zentimeter dicke Pastrami- und Corned-Beef-Sandwiches mit eingelegten Essiggurken serviert werden.

WHERE HARRY
MET SALLY...
HOPE YOU HAVE
WHAT SHE HAD!
ENJOY!
DR BROWNS
SODA
265
COFFEE
ESPRESSO
Budweiser

Für uns ein wunderbarer Greeter-Moment. Sheryl lässt uns in ihre Kindheitserinnerungen eintauchen: Von den dicken Lollys in Economy Candy hat sie schon als Kind geträumt.

9. ECONOMY CANDY UND ESSEX MARKET

Economy Candy in der Rivington Street wurde 1937 gegründet. Eine Ecke weiter: der Essex Market, ein quirliger überdachter Obst- und Gemüsemarkt, der aus der gleichen Zeit stammt.

Economy Candy ist für Sheryl ein Ort ihrer persönlichen Geschichte. Obwohl der Laden 1937 als Schuhgeschäft mit dem Namen Economy Shoes begann, gibt es hier seit Ende des Zweiten Weltkriegs Candy in allen erdenklichen Formen. Sheryl liebt diesen Ort seit der Kindheit, als ihre Großmutter sie regelmäßig hierherbrachte. Bis heute gilt der Laden als Paradies für Kinder The best Penny Candy Store in NYC nennt ihn zum Beispiel das *New York Eats Magazine.*

Der Essex Market ist entstanden, als Bürgermeister Fiorella LaGuardia – der, nach dem ein Flughafen benannt wurde – beschloss, aus Hygienegründen die Straßenkarren-Verkäufe von Obst und Gemüse zu verbieten. Also musste der Handel weg von der Straße, und so bietet der Markt an dieser Stelle seit Ende der 1930er Jahre seinen Kunden frisches Obst und Gemüse; mittlerweile gibt es auch ein Restaurant.

TENEMENT MUSEUM
DELANCEY
103
TENEMENT MUSEUM

10. DAS TENEMENT MUSEUM

Das East Village ist schon immer ein Ort der Einwanderer gewesen. In diesem Museum lässt sich ihre Geschichte eindrucksvoll nachvollziehen. Das Museum ist Sheryls persönliches Highlight in der Stadt. Hier ist unter anderem eine Wohnung deutscher Einwanderer zu sehen, die im Urzustand in den 1910er Jahren versiegelt und originalgetreu wieder aufgebaut wurde.

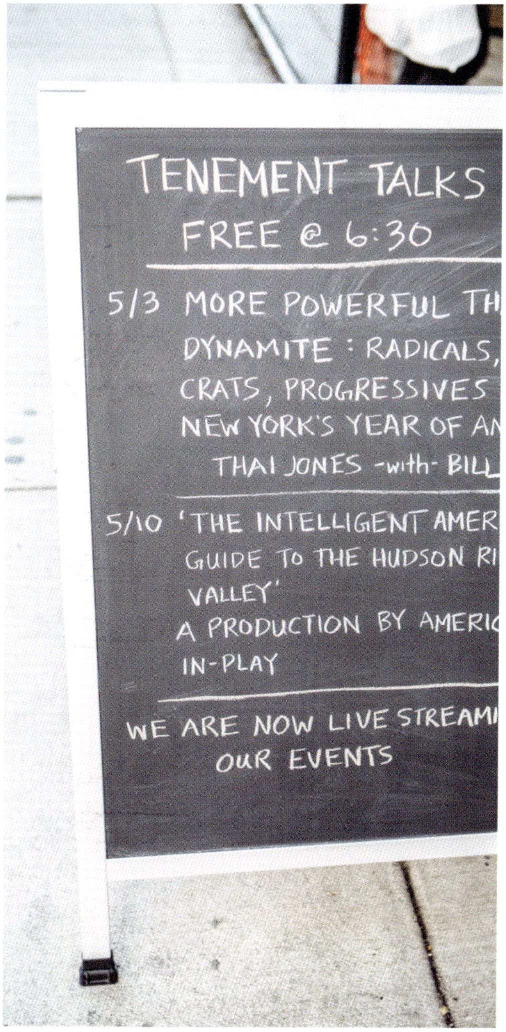

Unscheinbar an der belebten Houston Street gelegen, für Sheryl aber das persönliche Highlight der Stadt: das Tenement Museum, das seine Besucher mit der Geschichte der Einwanderer vertraut macht.

Die Tour mit Sheryl.

SHERYL HARAWITZ

- wuchs in der Lower East Side auf
- lebt seit 1992 – nach einigen Jahren in Brooklyn – wieder in ihrem Stadtteil
- hat hier jahrelang als IT-Expertin gearbeitet
- ihre Großeltern haben sich als Einwanderer aus Polen hier niedergelassen
- ihre erwachsenen Kinder unterstützen sie heute bei ihrer Tätigkeit als Greeter: »Ohne die Restaurant-Tipps meiner Tochter wäre ich verloren«

»IM EAST VILLAGE KANN MAN EINDRUCKSVOLL SEHEN, WIE JUNG DIESE STADT IN WAHRHEIT IST UND WIE WENIG GESCHICHTE WIR EIGENTLICH HABEN. DENN DIES IST EINES DER GESCHICHTSTRÄCHTIGSTEN VIERTEL VON NEW YORK.«

WIE KÖNNTE MAN DAS HEUTIGE EAST VILLAGE TREFFEND BESCHREIBEN?

So um 2005 war die Gegend geprägt von vielen Menschen in meinem Alter. Wache Geister, aber etabliert. Inzwischen gibt es hier viele junge Leute, die den Stadtteil auf den Kopf gestellt haben. Mit großartigen Ideen und vielen Initiativen. Heute wird hier zum Beispiel wieder viel Handgemachtes verkauft. Hier hergestellt und hier verkauft. Das ist eine gute Entwicklung.

SHERYL, WAS SCHÄTZT DU AM EAST VILLAGE BESONDERS?

Neben der Geschichte sind es vor allem die Menschen, die hier leben und den besonderen ›Spirit‹ dieser Gegend ausmachen. Zum Beispiel die Frau, die das Haus gegründet hat, in dem ich heute mit meinem Mann lebe, Anne Middleton. Sie hat das Haus in den 1850ern als Heim ›für die Tauben und Dummen‹ gegründet … ja, so nannte man die Menschen damals, kaum zu glauben. Auch heute zählen hier die kleinen Leute mehr als große Namen. Das beeindruckt mich.

HAST DU DAFÜR NOCH EIN BEISPIEL?

Liz Christy war so eine Person. In der 1960er Jahren ist sie nachts mit ihrem Fahrrad durch die Straßen gefahren und hat kleine Ballons, gefüllt mit Blumensamen, Wasser und Dünger, auf leerstehende Grundstücke geworfen. Die Blumen haben die trostlosen Bauplätze in blühende Gärten verwandelt. Zur Freude der Menschen – das war ihre Idee. Das war die Geburtsstunde der Green Guerillas, die vom East Village aus heute auf der ganzen Welt solche Aktionen durchführen.

WAR DAS SCHON IMMER DER SPIRIT DES EAST VILLAGE?

Das East Village ist während der großen Einwanderungswellen entstanden. Meine Großeltern sind aus Polen gekommen und haben genau hier ihr neues Leben begonnen. Wenn man an Menschen denkt, die ihr gesamtes Hab und Gut auf einer Schubkarre vor sich hergeschoben haben … genau das ist hier jahrzehntelang passiert. Das East Village war immer ein Ort fürs Anfangen, ein Ort der kleinen Leute und der großen Träume und Ideen.

DU BIST SEIT EINIGEN JAHREN GREETER. WELCHES ERLEBNIS IN DIESER ZEIT WAR DAS SPANNENDSTE?

Jeder Gast und jede Begegnung sind auf ihre Art spannend. Besonders witzig war, als ich ein junges Paar aus Kanada durch die Gegend führte und die beiden mich fragten, ob ich nicht ihre Trauzeugin sein möchte. Dabei kannte ich sie erst seit drei Stunden. Sie hatten geplant, hier zu heiraten, und brauchten noch jemanden, der ihr Trauzeuge wird. Ich hab das natürlich gerne gemacht und bin zum ersten Mal in meinem Leben, ganz spontan noch dazu, Trauzeugin geworden. Das war … schön! (lacht)

WELCHE ORTE AUSSERHALB DES EAST VILLAGE MAGST DU IN NEW YORK BESONDERS?

Da habe ich ganz viele Favoriten. Ich liebe die Museen, die Vielfalt, die Qualität der Ausstellungen. Und ich laufe einfach gern umher, um die Stadt zu erkunden. Wenn ich einen Lieblingsort nennen müsste, dann wäre es wahrscheinlich das Tenement Museum. Da stehen die kleinen Leute im Mittelpunkt. Daran kann man sehen, dass es sich, wenn man etwas will, lohnt, sich dafür einzusetzen, und dass man es schaffen kann. Das finde ich immer wieder sehr ermutigend und kostbar an diesem tollen Museum.

MAMMA MIA!
THE SMASH HIT MUSICAL
ABBA
Disney STORE
Disney
ONE WAY
BROADWAY CAMERAS ELECTRONICS
LEARANCE SALE
P TO 30% ~ 70% OFF

17

MANHATTAN TIMES SQUARE

MIT SOFIA KIM

LB FM DR

WILLKOMMEN AM TIMES SQUARE:

FÜR JEDEN BESUCHER DIE ALLERERSTE ADRESSE: DER TIMES SQUARE IST NICHT NUR ZUM JAHRESWECHSEL DAS KNALLBUNT BLINKENDE HERZ DER WELT

Er blinkt und leuchtet und wirbt und kommuniziert: Der Times Square mitten in New York ist der bunteste Hund der Welt. Wer schon einmal New York besucht hat, war garantiert auch hier. Unter den riesigen Multimedia-Screens prallen werktags zwei sehr verschiedene Gruppen aufeinander: Touristen aller Couleur und Tausende, zumeist gehetzte Büroangestellte aus den unzähligen Bürotürmen. Der Times Square verdient sein Geld nicht nur als überdimensionale Litfaßsäule, sondern auch klassische Arbeit findet hier statt. Seinen Namen hat der eckige Platz von einem der ansässigen Unternehmen. Die *New York Times* betrieb hier für lange Jahre Hauptsitz, Redaktion und Druckerei. Auch Sofia arbeitet in der Nähe: »Gleich da oben«, deutet sie in den Himmel, »32. Etage mit einem wahnsinnig guten Ausblick.« Wenn Sofia begeistert ist, gluckst sie nach eigenem Bekunden vor Freude, so auch bei unserer Begrüßung.

»Kommt mit, wir fahren in einem der Hochhäuser in die 30. Etage und schauen nach unten.« Von oben sehen wir unzählige gelbe Taxis, die sich termitengleich durch die Straßen-Korridore fräsen, winzige Passanten-Ameisen auf den Fußwegen sind mehr zu erahnen, als zu sehen. Unser Blick schweift in die Ferne: Empire State Building, die Flüsse auf beiden Seiten, die kreisrunden, altertümlich anmutenden Wasserspeier auf den Dächern der Hochhäuser erinnern mehr an Paris als an New York.

Sofias Augen funkeln, als sie von ihren Eltern erzählt, die von Korea zunächst nach Brasilien ausgewandert sind. Sofia kam dann eine Etappe danach in der argentinischen Hauptstadt Buenos Aires zur Welt. Später packten die Eltern noch einmal alles zusammen und zogen nach New York, um Tochter und Sohn die Chance zu geben, den American Dream zu leben. Für sie hieß das vor allem: beste Bildungschancen.

Sofia erwarb an einer Universität in Illinois ihren Abschluss im Hauptfach Buchprüfung und arbeitet seitdem für führende Wirtschaftsprüfungsgesellschaften. Die aus europäischer Sicht spärlichen 15 Urlaubstage pro Jahr erwähnt sie dabei auf Nachfrage ohne jedes Signal des Bedauerns. »Das ist hier halt so.« Wenn sie sich abends nach einem langen Tag, nicht selten erst gegen 22 Uhr, endlich auf den Heimweg macht und die vielen zufriedenen Menschen sieht, stutzt sie dennoch regelmäßig für ein paar Sekunden, um sich dann zu erinnern: »Ach so, das sind Touristen. Deshalb sind die alle so fröhlich.«

Freie Zeit hat Sofia also wirklich nicht im Überfluss, und jetzt hat sie auch noch der New-York-Marathon-Virus gepackt. »Letztes Jahr sind über 40.000 mitgelaufen, durch alle fünf Stadtteile. Morgens laufe ich vor der Arbeit zwischen 7 und 8 Uhr und demnächst zusätzlich auch noch abends nach der Arbeit. Im nächsten Jahr bin ich auf jeden Fall dabei.«

Nachts, selbst bei Regen, noch beeindruckender: Der Times Square mit seinen bunt leuchtenden Werbetafeln scheint nie zu schlafen.

2011
TOSHIBA
TOSHIBA
TDK
ST-PIERRE
CONDIT
UFC
PENN vs DIAZ
SATURDAY OCT. 29
LIVE ON PAY-PER-VIEW
Kodak
Aéropostale
MARQUIS
FOLLIES
CSI

THE LION KING
THE LANDMARK MUSICAL EVENT
MINSKOFF THEATRE
B'WAY & 45TH ST.
lionking.com
CNC
XINHUA
NEWS AGENCY
By George, we did it.
Corona Extra
Corona Light
INGLOT
LAUNCH GAME
TERRACOTTA WARRIORS
Discovery
3D48
OFF DUTY
1P78
3D48A
Ford

1. DER TIMES SQUARE

Die Metro-Station Times Square, einer der New Yorker Super-Metro-Knoten, lässt unter der Erde noch nicht ahnen, was einen ein paar Meter weiter oben erwartet. Ein paar Schritte vom Bahnhof entfernt, treffen wir Ecke 41st Street und 7th Avenue unsere Greeterin Sofia Kim. Obwohl hier noch nicht das Zentrum des Platzes ist, brodelt es bereits: die Musicaltheater rund um die berühmte 42nd Street im ›Reklame-Wettstreit‹ mit den neuesten Kinoproduktionen.

Sofia deutet auf die feuerrote Tribüne an der Nordseite des Times Square, die wir als Erstes gemeinsam besteigen. »Von hier kann man das Leuchtreklame-Panorama am besten auf sich wirken lassen.« Sie erklärt, dass das nördlich hinter der Treppe liegende Geschäftshaus so gut wie keine Mieter mehr hat. »Es gibt ja durch die großen Werbeflächen im Prinzip auch keine Fenster mehr; aber die Plakate bringen viel mehr Geld, als der Büroraum es je getan hat.«

Wir gehen beeindruckt im Hans-guck-in-die-Luft-Modus weiter und bestaunen die Dichte an bunten Botschaften. Sofia erklärt uns, warum die Büroangestellten in dieser Gegend nicht gut auf die Touristen zu sprechen sind. »Die Touristen bewegen sich zu langsam für die echten New Yorker, die immer mit schnellen Schritten vorwärtseilen. Viele umgehen den Times Square weiträumig und machen Umwege, um nicht von Touristen aufgehalten zu werden.« Die Verkehrsdichte wurde vor ein paar Jahren durch sogenannte Bike Paths weiter erhöht, so dass sich jetzt auch noch die Fahrradfahrer insbesondere mit den Taxifahrern um den begrenzten Raum streiten.

Da, wo Broadway und 7th Avenue aufeinandertreffen, liegt der pulsierende Times Square. Seit 1904 heißt der Platz so, weil hier lange Jahre das Verwaltungsgebäude der *New York Times* stand. Zuvor trug der Platz den Namen Longacre Square. Kaum zu glauben, dass hier um 1900 noch Landwirtschaft die prägende Branche war.

Sofias Tipp: »An der Nordseite des trapezförmigen Platzes gibt es einen Ticketverkaufs-Shop für Broadway-Shows. Da kann man morgens sehr günstige Überraschungs-Karten erwerben, ohne vorher zu wissen, in welche Show man am Abend dann als Auffüller gehen wird.«

Sofia deutet im Vorübergehen auf ein eher unscheinbares rundes Objekt: »Diese Kugel da an dem Fahnenmast spielt Silvester immer eine zentrale Rolle; es kommen Zigtausende zum Times Square, um sie heruntersausen zu sehen. Dann wird das Umspringen der Jahreszahl darunter bejubelt.«

Mitten auf dem Platz gibt es eine kleine Polizeistation: »In New York regeln die Polizisten in Dunkelblau alles. Da speziell hier auf dem Platz so viele Menschen auf kleiner Fläche zusammenkommen, hat die Polizei viel zu tun.« Der Verkehr, einschließlich Fußgänger, wird dirigiert, manchmal werden Straßen umfunktioniert und Spuren für speziellen Verkehr reserviert.

Auch der berühmteste Straßenmusiker von New York, der Naked Cowboy mit seiner Gitarre, hat seinen festen Standort am Times Square. Allerdings ist der mittlerweile in die Jahre gekommene leicht beschürzte Sunnyboy am frühen Morgen noch nicht im Dienst.

2. DIE HOCHHAUSSCHLUCHTEN DER 6TH AVENUE

Vom Times Square führt uns Sofia über die 42nd Street weiter nach Osten. Am Broadway zeigt sie uns Oren's Daily Roast. »Morgens hat für viele Angestellte der richtige Kaffee erste Priorität. Meinen trinke ich fast immer hier, irgendwann zwischen 8.30 und 9.30 Uhr.«

Weiter durch die 42nd Street, erreichen wir schnell die 6th Avenue und können vor uns bereits den Bryant Park sehen. »Ihr müsst diese Avenue mal ganz bewusst mit Blick nach oben anschauen: Gerade hier in Midtown produziert die Avenue of the Americas genau das Bild, das die meisten Leute im Kopf haben, wenn sie an New York denken.« Wir schauen nach oben und lassen uns von Sofia einzelne Gebäude erläutern. In der Tat ragen die Hochhäuser hier besonders monolithisch, gerade und eintönig in den Himmel. »Avenue of the Americas heißt die Straße seit 1945. Der Name soll den Zusammenhalt der freiheitlichen Staaten in Süd-, Mittel- und Nordamerika betonen.«

Die 6th Avenue (oder Avenue of the Americas) ist der Ort in Midtown, der mit seinen dicht an dicht stehenden Hochhäusern das ›innere Bild‹ vieler Menschen von New York prägt.

3. BRYANT PARK

Unmittelbar nach auf dem umtriebigen Times Square, wirkt der Bryant Park schon optisch wie eine Wellness-Oase. Zahlreiche Stühle und Bänke sowie die gepflegte Rasenfläche laden ein, eine kleine Pause mitten im turbulenten Leben von Midtown einzulegen. »Hier kannst du wunderbar deine Mittagspause verbringen«, erklärt Sofia, »wobei es vor allem bei schönem Wetter schon eine kleine Kunst ist abzuschätzen, welcher Stuhl wohl als nächster frei werden wird.«

Wir schlendern am Parkrand entlang und sehen neben einem goldbezinnten Hochhaus aus dunkelrotem Ziegelstein das Empire State Building in den Himmel ragen. Eine großartige Kulisse, um in der Mittagssonne auf einem Klappstuhl sein Sandwich zu genießen.

Im Winter, lässt Sofia uns wissen, wird in der Mitte des Parks eine Eislauffläche eröffnet, im Sommer stellt die Stadt Pingpongplatten auf. Unter ein paar Sonnenschirmen finden wir einen Reading Room mit kostenlosen Büchern (take and read). Abends gibt es hin und wieder Open-Air-Kino. »Und«, freut sich die junge Frau, »hier gibt es die saubersten öffentlichen Toiletten in ganz New York. Sehr zu empfehlen und untermalt von klassischer Musik aus kleinen Lautsprechern.«

Hinter der Public Library erstreckt sich der wunderbare Bryant Park, der mit Hunderten von Stühlen zur kurzen Pause einlädt. Hier verbringen viele New Yorker, die in der Nähe arbeiten, ihre Mittagspause am liebsten.

Library Way
Library Way
ONE WAY
Fifth Ave
SHELLEY'S GHOST
SUBWAY
FOOTLONGS

4. THE NEW YORK PUBLIC LIBRARY

Ziemlich frisch renoviert, präsentiert sich das neoklassische Gebäude am östlichen Ende des Parks im allerbesten Licht. Vom Park aus haben wir die Rückseite gesehen, jetzt stehen wir vor der breiten Treppe, die schon in so vielen Filmen eine Rolle gespielt hat, zum Beispiel in *Breakfast at Tiffany's* oder *Ghostbusters*. Und auch Carrie Bradshaw und Mister Big aus *Sex and the City* haben sich hier das Jawort gegeben; weite Teile des Blockbusters *Day after Tomorrow* wurden ebenfalls hier gedreht. Das Gebäude ist einer der architektonischen Stars der Stadt, und zwar sowohl von außen als auch von innen.

»Als Jugendliche war es mein Traum, Bibliothekarin zu werden. In einer Bibliothek wie dieser fühle ich mich einfach wohl. Dies ist einer meiner Lieblingsplätze in New York.« Die Bücher werden hier nicht ausgeliehen, sondern können in einem der riesigen Lesesäle gelesen werden. Besonders beeindruckend: der Rose Main Reading Room mit seinem fantastischen klassizistischen Mobiliar und einem imposanten Deckenfresko. Unter dem Gras des Bryant Park befinden sich die Archive, die die insgesamt 51 Millionen Medien, darunter unter anderem eine Original-Gutenberg-Bibel, beherbergen. Sofia erinnert sich wehmütig: »Das erste Mal kam ich in meiner Highschool-Zeit her. Ich ging in der Bronx zur Schule, und mein American-History-Lehrer gab uns Aufgaben, die wir nur lösen konnten, wenn wir hier in den entsprechenden Büchern nachschlugen.« Wir plaudern über weniger reizvolle Schulaufgaben, während wir über die Treppe wieder nach draußen gelangen.

Sofia bringt uns zum Grand Central Terminal, und wir verabschieden uns nach einem ereignisreichen Tag entlang der 42nd Street zwischen einem der lautesten und einem der leisesten Orte in New York.

Die »Library« beherbergt knapp 50 Millionen eingelagerte Medien aller Art. Wer sie ansehen möchte, muss das in einem der herrlichen Lesesäle tun.

»Die Sixtinische Kapelle von New York City« nennt Charles Schwartz, der Greeter, mit dem wir in der Bronx rund um das Yankee Stadium unterwegs waren, den großen Lesesaal der New York Public Library, seinen Lieblingsort in der Stadt.

Die Tour mit Sofia.

SOFIA KIM

- Kind koreanischer Eltern
- geboren in Buenos Aires
- lebt heute – wie viele ihrer Landsleute – in Astoria, Queens
- arbeitet als diplomierte Buchprüferin bei einer großen Wirtschaftsprüfungsgesellschaft in Manhattan, in direkter Nähe zum Times Square
- ist eine der jüngsten der Big Apple Greeter, und das bereits seit 2009

»DER LAUTE, BUNTE TIMES SQUARE SCHEINT ZU SIGNALISIEREN, DASS ER VOR ALLEM FÜR TOURISTEN DA SEI. ABER HIER FINDET DER ALLTAG VIELER MENSCHEN STATT. TAUSENDE ARBEITEN HIER, ANDERE LEBEN HIER UND ERLEDIGEN HIER IHRE EINKÄUFE. ICH FINDE GENAU DIESE MISCHUNG, DIESE CO-EXISTENZ, MACHT DEN TIMES SQUARE SO REIZVOLL.«

SOFIA, WARUM IST ES DEIN EHRENAMT, BIG APPLE GREETER ZU SEIN?

Zunächst mal: Ich bin gerne ehrenamtlich engagiert. Schon als Schülerin ging ich ein paar Wochen lang für ein Wohlfahrtsprojekt nach Peru. Es tut mir gut, wenn ich anderen helfen kann. Meine Eltern haben alles, was sie sich in Südamerika aufgebaut hatten, aufgegeben, damit mein Bruder und ich hier in den USA eine gute Ausbildung bekommen konnten. Meine Mutter war Apothekerin, da sie aber kein Englisch konnte, als wir herkamen, gab sie ihre Karriere auf. Durch mein Engagement kann ich etwas zurückgeben. Gleichzeitig habe ich großen Spaß dabei. Deshalb habe ich 2009 nach ›Volunteer Opportunities New York‹ gegoogelt und stieß dabei auf Big Apple Greeter.

WAS HAST DU PERSÖNLICH DAVON, BESUCHERN NEW YORK ZU ZEIGEN?

Ich lerne sehr viel von den Menschen, die ich treffe: über ihr Heimatland, ihre interessanten Hobbys, zum Beispiel Unterwasser-Hockey, und allgemein, was so auf der Welt los ist. Mir fällt auf, dass ihr Leben meinem sehr ähnlich ist, egal, wo sie herkommen. Wir alle leben in einer kleinen Welt. Und obwohl wir sehr unterschiedlich aussehen, sind wir uns doch in vielem sehr ähnlich.

WEM WÜRDEST DU DENN AM LIEBSTEN MAL ›DEIN‹ NEW YORK ZEIGEN?

Am liebsten meinem Freund. Er ist erst seit drei Jahren hier in New York und immer extrem beschäftigt. Wir sehen uns viel zu selten, er kennt New York auch noch nicht wirklich. Meistens essen wir nur abends schnell was zusammen, aber für eine richtige gemeinsame Tour hatten wir beide noch keine Zeit. Er lebt in New Jersey, ich in Astoria in Queens. Wir sind quasi getrennt durch eine ganze Insel …

WAS KANN MAN AUS DEINER SICHT NUR HIER IN NEW YORK CITY ERLEBEN?

Hm – das ist eine gute Frage! Spontan fällt mir ein, dass ich vor ein paar Tagen mit meinem Freund in einem belgischen Restaurant in der Upper West Side gegessen habe. Es gab Fleisch von belgischen Kühen mit Pommes und zum Dessert belgische Schokolade. Die Vorspeise war allerdings ein typisches Gericht aus Peru. So was kann man wohl nur hier erleben. Oder in Belgien … (lacht)

WAS MACHST DU AM LIEBSTEN IN NEW YORK, WENN DU NICHT ARBEITEST ODER ALS GREETER UNTERWEGS BIST?

Ich bin gerne im Chelsea Market wegen des vielen guten Essens dort. Außerdem gehe ich gerne in Downtown Manhattan spazieren, am liebsten mit einem Schokoriegel in der Hand. Wenn ich strahlende Touristen sehe, dann steckt mich deren Freude an – davon kann ich nicht genug bekommen und werde selber froh und glücklich.

HATTEST DU MAL EINE LUSTIGE BEGEBENHEIT MIT BESUCHERN?

Mein erster Greet waren eine Mutter, die Großmutter und zwei Töchter aus Wisconsin. Eine der beiden Töchter wollte unbedingt in Chinatown eine imitierte Markentasche kaufen. Ich bin zwar asiatischer Abstammung, habe aber nie etwas in Chinatown gekauft, weil ich genügend abschreckende Geschichten darüber gehört hatte. Nun ja, wir gingen hin. Die Verkäufer sprechen dich an, und wenn du »ja« sagst, führen sie dich nach hinten in den Laden oder in einen Kleintransporter, wo das Geschäft dann abgewickelt wird. Als wir fertig waren und gehen wollten, sagte der Verkäufer: »Ihr könnt noch nicht gehen.« Wir waren natürlich ganz verunsichert, und dann deutete der Mann auf den Ausgang: Draußen vor dem Laden waren die Cops. Das war ganz schön aufregend, aber irgendwie auch lustig, weil alle meine Vorurteile auf einen Schlag bestätigt wurden.

18

QUEENS
7 TRAIN

MIT SUZANNE PALIOTTA

FM DR

WILLKOMMEN IN 7 TRAIN:

DIE »UNITED NATIONS«, FRIEDLICH VEREINT AUF KLEINSTEM RAUM: DAS IST QUEENS

Als der silbern glänzende, ratternde Lindwurm sich endlich aus dem Untergrund herauswindet, umflutet uns gleißendes Tageslicht, und ein mit Graffiti tätowiertes Haus begrüßt uns genauso freundlich wie wenig später unsere Greeterin Suzanne: »Willkommen in Queens!« Die dunkelbraune, große Sonnenbrille schützt ihre empfindlichen Augen. 21 Jahre ist sie nun schon im ›Unruhestand‹ als Big Apple Greeter unterwegs: »Dieser Job ist ein Geschenk! Viele meiner Lehrerkollegen sind noch während ihrer Zeit im Schuldienst verstorben. Ich hingegen habe nun schon fast ein ganzes zweites Arbeitsleben erleben dürfen.«

Die grellbunten Reklametafeln in Queens zeigen verschiedenste Schriftzeichen und Sprachen, es geht wahrhaft babylonisch zu. Wo auch immer man seinen Blick hinwendet, sieht man fremde Sprachen und Zeichen. Hier, vor der Endstation der Metrolinie 7, beginnt unsere Erkundungsreise durch Queens, den ethnisch vielfältigsten Flecken in den USA, vermutlich auf der ganzen Welt. Suzanne hat ihr ganzes Leben hier verbracht. Als Highschool-Lehrerin erlebte sie hautnah den Wandel mit, dem dieser Borough seit vielen Jahrzehnten unterliegt. Sie selbst ist ein gutes Beispiel für den kulturellen Mix: Den Nachnamen Paliotta verdankt sie ihrem italienischen Mann; ihre eigenen Wurzeln liegen in Osteuropa.

»Downtown Queens war auf dem absteigenden Ast und geradezu schäbig: ein unwirtlicher Ort, an dem man nicht sein wollte«, erklärt Suzanne. Doch dann kamen immer mehr Asiaten hierher und mit ihnen neue Gebäude, Hotels und Bibliotheken mit Büchern in allen Sprachen von Russisch bis Chinesisch. »Das hat Queens gutgetan, ihm neue Impulse gegeben und wie ein Startschuss gewirkt!« Flächenmäßig ist Queens ohnehin der größte der fünf New Yorker Stadtteile, aber bald soll Brooklyn auch in puncto Einwohnerzahl übertroffen werden.

Suzanne verrät, wie sie im Laufe der Jahre ihren Wissensschatz über ihren Stadtteil, der mehr als zwei Millionen Menschen Heimat ist, angehäuft hat: »Oft fahre ich zuerst mit meinem Auto umher. Wenn ich etwas Interessantes entdecke, dann komme ich später zurück und tauche zu Fuß richtig ein.« Spaziergänge sind nicht zufällig auch die Form, in der die Big Apple Greeter ihren Gästen Schritt für Schritt die Nachbarschaft zeigen – Autos sind tabu, öffentliche Verkehrsmittel werden nur dann benutzt, wenn größere Distanzen zurückzulegen sind.

Der No 7 Train, die Metrolinie, die mitten durch Queens führt, verbindet Downtown Manhattan mit den Sportstätten der New York Mets (Baseball) und der Flushing-Meadows-Tennisanlage, in der alljährlich die US Open ausgespielt werden, die beide von der Endstation aus zu erreichen sind. »Die meisten rauschen hier nur durch: An jeder der Haltestellen kann man in eine eigene Welt eintauchen, die auf den ersten Blick nichts mit dem Glanz von New York zu tun hat. Auf den zweiten Blick merkt man: Das ist New York. Der Glanz entsteht aus der Unterschiedlichkeit, aus dem Mix der Kulturen, aus der Vielfalt. Ich kann euch nur eines empfehlen: Lasst euch einfach drauf ein!«

»Bunt« ist die richtige Beschreibung der Route, die der 7 Train durch Queens zieht. Wie an der Perlenkette aufgereiht, liegen hier die Viertel unterschiedlichster Ethnien.

Am Ende der Linie 7 liegt der Flushing Meadows-Corona Park mit dem Arthur-Ashe-Tennisstadion, in dem einmal im Jahr die US Open ausgetragen werden. Der Park wurde als Ausstellungsgelände für die Weltausstellung von 1939/1940 angelegt. Die U-Bahn läuft oberirdisch bis zu ihrer Endstation, die an das große Wartungsgelände der MTA angrenzt.

1. DIE HALBE WELT ENTLANG DER LINIE 7

Auf filigranen grünen Stahl-Stützen hoch über den geduckten Häusern und der breiten Roosevelt Avenue rattern die Züge der Subway No 7 International Express hinweg. Jeder Stopp eröffnet dem Aussteigenden eine andere Welt – die United Nations zum Greifen nah.

Wir verlassen die Metro, die hier oberirdisch läuft, und schlendern von der Kreuzung Roosevelt Avenue die Main Street hinunter. Asiatische Schriftzeichen und Gerüche umgeben uns. Suzanne deutet auf die Beschilderung: »Die eckigere Schrift dort ist Chinesisch, die rundere Koreanisch. Da vorne steht etwas auf Japanisch, das da drüben ist Indisch … und wir haben uns gerade nur einmal auf dem Absatz herumgedreht.«

»Ich mag dieses Chinatown hier in Queens lieber als das in Manhattan.« Wobei der Name deutlich weiter gefasst werden müsste: Denn hier leben und arbeiten nicht nur Chinesen, sondern, wie gesagt, auch Koreaner, Vietnamesen und Japaner, nicht zu vergessen Inder und Pakistaner. »Nirgends kannst du günstiger Essen und Lebensmittel kaufen als hier. Und auch die Qualität ist sehr gut. Schaut mal, wie liebevoll alles präsentiert wird!«

»Die aktuelle Einwanderungswelle bringt gerade Menschen aus weiteren asiatischen Ländern hierher, zum Beispiel aus Nepal, Tibet und Afghanistan.« Suzanne versucht, den Lärm der Verkehrsgeräusche zu übertönen: »Früher haben hier in Queens überwiegend Iren, Deutsche und Italiener gelebt. Als man begann, die Linie 7 zu bauen, holte man viele Chinesen als Arbeiter.« Die siedelten sich in der Nähe der Baustelle an und blieben irgendwie hängen. Als die Europäer dann wegzogen, kamen immer mehr Menschen aus der Karibik sowie Mittel- und Südamerika in die frei werdenden Wohnungen und Häuser. Heute gibt es viele Mexikaner, die auf der Straße Trinkwasser und Blumen verkaufen. »Eines ist aber geblieben: Wer gesellschaftlich aufsteigt, zieht weg aus dieser Ecke von Queens, zum Beispiel weiter nördlich nach Flushing oder in die angesagten Gegenden von Brooklyn.«

THE HINDU TEMPLE SOCIETY OF N.A.
ŚRI RĀGHAVENDRA SWĀMY SANNIDHI

小櫻桃幼兒中心
KISSENA JEWISH CENTER

2. RELIGIÖSE VIELFALT: TEMPEL, SYNAGOGEN, KIRCHEN, MOSCHEEN

Nach ein paar Straßen gelangen wir in der Bowne Street zum großen Asamai-Hindu-Tempel. Hier weist uns Suzanne auf die beeindruckende religiöse Vielfalt hin, die Queens ausmacht und vereint: Dieser traditionelle Hindu-Tempel steht nur ein paar Schritte entfernt von einem flachen Kirchenbau, in dem sich Chinesen zum christlichen Gottesdienst treffen. In derselben Straße spiegelt sich an sonnigen Tagen schon mal der Davidstern des jüdischen Gemeindezentrums in der Marmorfassade des gegenüberliegenden Versammlungssaals einer anderen hinduistischen Glaubensrichtung.

»Und nicht weit von hier gibt es noch eine große islamische Moschee«, führt Suzanne aus. »Vorhin, in der Main Street, gingen ein Sikh mit seinem typischen Turban und gleich darauf eine verschleierte Araberin an uns vorbei.«

Dann zeigt sie uns unsere erste Auftank-Station: das Dosa Hutt in der Bowne Street, Ecke Holly Avenue. In dieser kleinen südindischen Gaststätte ist die Spezialität Spicy Soup plus Mango-Lassi, ein köstlich-milder Joghurt-Drink gegen das Brennen in der Mundhöhle, das die scharfe Suppe verursacht. Eine perfekte Kombination. Dazu kitzelt das Klirren heller Messingbecken aus den Lautsprechern unsere Ohren. Willkommen, Welt, mitten in New York City!

4. LEO'S LATTICINI

Endlich wieder Essen: Suzanne führt uns zur nächsten kulinarischen Institution in Queens. Heute wird es geführt von drei Schwestern: Leo's Latticini. Sandwiches, so dick wie ein American Football und nebenan köstliches italienisches Gebäck zum Dessert.

Die Nachbarn nennen das Restaurant bis heute beim Spitznamen: ›Mama's of Corona‹. Das geht auf die Großmutter zurück. Nancy, mit Mädchennamen Leo, kam in den 40er Jahren von Brooklyn hierher. Die Familie wollte etwas ländlicher wohnen, was damals in Queens noch möglich war. Heute führt schon die dritte Generation das Geschäft, unter anderem als offizieller Lieferant für die Heimspiele der NY Mets. Eine der drei Schwestern, Irene, erzählt uns: »Bevor Großmutter starb, saß sie immer da in der Ecke. Und alle kamen, um mit ihr, der Mama zu reden.«

Zu Mamas Gästen zählen auch die Bürgermeister Giuliani und Bloomberg. Die Straße vor dem Haus wurde kürzlich nach ihr benannt (Mama's Way) und mittlerweile auch eine Schule in der Nachbarschaft. »Latticini heißt übrigens Molkereiprodukte auf Italienisch«, lässt uns Suzanne wissen. Bis heute stellen die Schwestern ihren vorzüglichen Mozzarella selber her, der hier dampfend-warm und frisch serviert wird.

Bei Leo's Latticini, einer Institution in Queens, bekommt man leckeres Essen. Heute wird das Restaurant in dritter Generation von drei Schwestern geführt. Hier gibt es Sandwiches, so dick wie ein American Football, und nebenan köstliches italienisches Gebäck zum Nachtisch.

NEW YORK
Mets
METS

Unisphere heißt die Weltkugel aus Stahl: 42 Meter hoch und 350 Tonnen schwer. Sie sollte helfen, dem Thema der damaligen Weltausstellung ›Frieden durch gegenseitiges Verständnis‹ Ausdruck zu verleihen. Die Skulptur wurde das Logo der nächsten Weltausstellung in New York, die in den Jahren 1964/1965 auf demselben Gelände stattfand.

Satchmo

5. DAS LOUIS ARMSTRONG HOUSE

Er war ein Titan des Jazz und wohl vor allem deshalb so beliebt, weil er immer bodenständig und bescheiden geblieben ist. Das zeigt sich auch daran, dass er seinem Wohnhaus in Queens treu blieb und nicht in einen der eleganten Wohnorte gezogen ist, was natürlich möglich gewesen wäre. Die Menschen in Queens verehren ihn nicht nur deshalb. Für Armstrong war das bescheidene Haus in einer Arbeitergegend in Queens seit 1943 sein Himmel auf Erden. Auf dem Balkon vor seinem Arbeitszimmer im ersten Stock spielte er manchmal Trompete für seine Nachbarn.

Das Louis Armstrong House, in dem täglich zur vollen Stunde zwischen 10 und 16 Uhr kostenpflichtige Führungen stattfinden, ist heute eine Pilgerstätte für Jazz-Fans. Möbel und Inneneinrichtung sind noch so erhalten, als wäre Louis eben erst weggegangen: elegant und sehr liebevoll arrangiert. Hier starb der 1901 in New Orleans geborene Musiker und Menschenfreund am 6. Juli 1971 an einem Herzleiden.

»Eine Anekdote zeigt, was an Armstrong so außergewöhnlich war. Wusstet ihr, dass er zeitlebens einen Davidstern trug? Das tat er aus Dankbarkeit gegenüber einer aus Litauen stammenden jüdischen Familie, die ihm während seiner harten Jugend zur Seite stand.« Voller Anerkennung verneigt sich auch Suzanne vor dem großen King Louis. What a wonderful world, hier im bodenständigen Queens.

Das schwere Mobiliar des Wohnzimmers von Louis Armstrong wirkt beinahe präsidial. Im Kontrast dazu muten die aquamarinfarbene Küche und das weiße Piano leicht und beschwingt an. Die Menschen in Queens rechnen es ihrem Louis Armstrong hoch an, dass er seinem Wohnort zeitlebens die Treue gehalten hat.

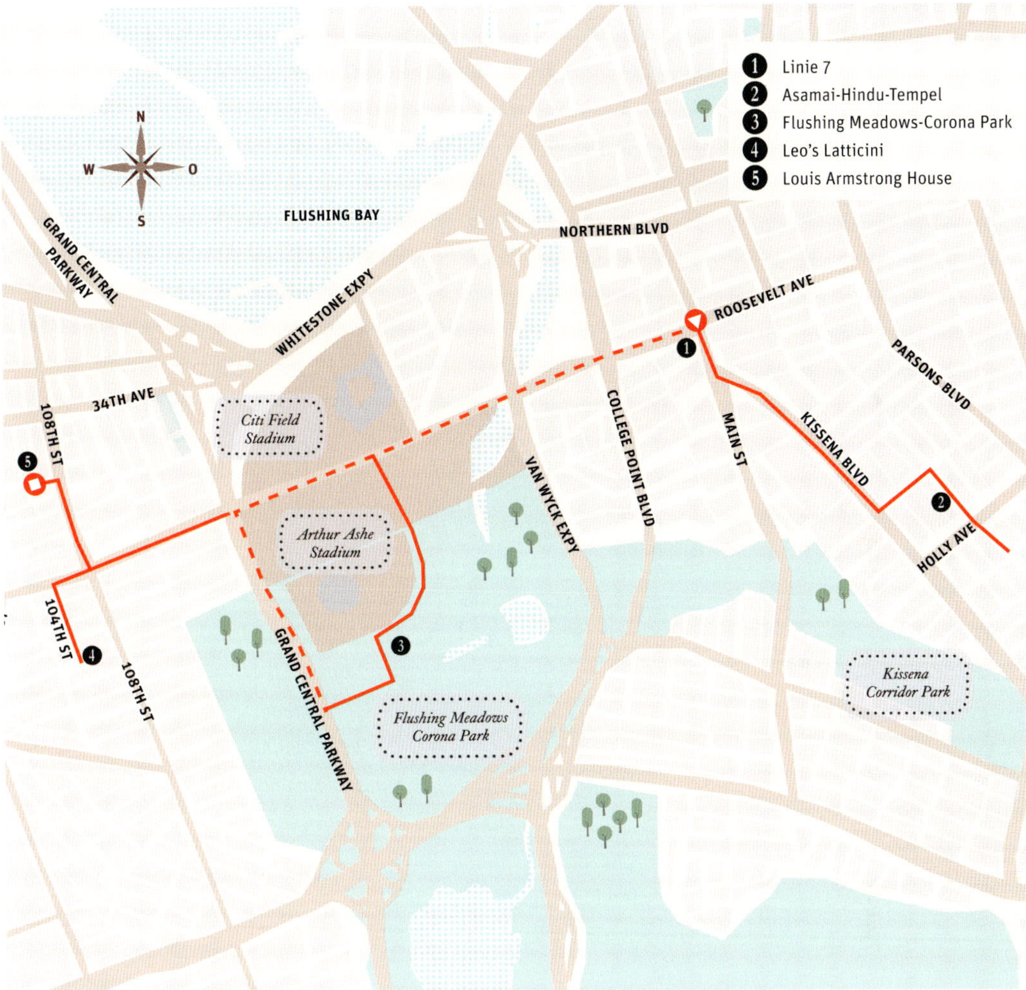

Die Tour mit Suzanne.

SUZANNE PALIOTTA

- stammt von Einwanderern aus Osteuropa ab, ihr Mann wiederum hat italienische Vorfahren
- lebt von Geburt an in Queens
- liebt es bis heute, neue und sich wandelnde Ecken in ihrem Stadtteil zu entdecken oder Veränderungen aufzuspüren
- hat an einer Highschool in Queens als Lehrerin für Sport, Tanzen und Gesundheitserziehung gearbeitet
- ist Greeter seit 1991

»NEW YORK MAG NICHT DIE SCHÖNSTE STADT DER WELT SEIN – SICHERLICH ABER IST ES DIE MIT ABSTAND SPEKTAKULÄRSTE!«

WAS SAGT DEIN MANN DAZU, DASS DU GREETER BIST?

Mein Mann ist total begeistert, dass ich diese Aufgabe gefunden habe, und gibt manchmal sogar damit an. Wir hatten oft Besuch von Freunden und Verwandten aus Europa, denen ich die Stadt zeigte, was ich sehr gerne tat. Als ich dann 1991 in den Ruhestand gegangen bin, suchte ich nach einer Beschäftigung für mich. Ein Freund, der als Greeter tätig war, erzählte mir von den Big Apple Greetern, und so habe ich dann begonnen, anderen Menschen mein Queens zu zeigen.

WELCHE VORURTEILE ÜBER NEW YORK ÄRGERN DICH AM MEISTEN?

Kriminalität, Unfreundlichkeit, Schmutz … das meiste, was die Leute so im Kopf haben über die Stadt, ist falsch! Ich finde es sehr spannend zu beobachten, wie überrascht die Besucher sind, wenn sie herausfinden, wie sicher und freundlich hier alles ist. Auch glauben viele, New York sei extrem teuer – dabei findest du hier alles, was du dir wünschen kannst, für praktisch jeden Geldbeutel. Manche Stellen sind sehr teuer, andere sehr günstig. Wenn es etwas in New York nicht gibt, dann existiert es nicht (lacht).

SIND NEW YORKER BESONDERS EMOTIONALE MENSCHEN?

Kurz nach dem 11. September hätte ich das bejaht. Da war alles ganz anders. Die Leute halfen sich gegenseitig und zeigten offen ihre Gefühle. Mit meinem Mann nahm ich kurz nach den Anschlägen an einer Parade zum Veteranen-Tag teil. Die Zuschauer kamen einfach auf uns und auf andere Teilnehmer zu, umarmten und küssten uns und sagten, sie lieben New York. Das hat mich sehr berührt. Heute ist alles wieder normaler. Die New Yorker sind sehr direkt, so viel steht fest.

QUEENS STEHT NICHT AUF DER TO-DO-LISTE VIELER BESUCHER VON NEW YORK. WARUM SOLLTE MAN SICH QUEENS TROTZDEM ANSCHAUEN?

Queens ist sehr bunt, sehr facettenreich, und es gibt entsprechend viel zu sehen. Queens hat zum Beispiel sehr interessante Museen. Neben dem Queens Museum mit seinem riesigen Stadtplan zum Drüberspazieren mag ich vor allem das Noguchi Museum, das das Werk des japanischen Bildhauers Isamo Noguchi zeigt. Großartig, beeindruckend, eine verborgene Perle. Oder das Museum of the Moving Image in Astoria, das unglaubliche Ausstellungen über die Filmbranche, Schauspieler und Regisseure anbietet. Extrem sehenswert und spannend. Musikliebhaber können das Wohnhaus von Louis Armstrong besichtigen oder eine Tour durch die Steinway Klavierfabrik unternehmen.

UND DIE MENSCHEN IN QUEENS – WAS ZEICHNET DIE AUS?

Queens ist vor allem sehr menschlich, sehr zugänglich. In Arbeitergegenden, wie zum Beispiel im Stadtteil Corona, sind die Leute immer offen für einen Plausch. In Queens stehen viele Einfamilien- und Doppelhäuser mit kleinen Gärten, alles ist offener und ruhiger als zum Beispiel in Manhattan. Wer ins Gespräch kommen will, kann das hier.

UND WAS LIEBST DU BESONDERS AN NEW YORK CITY?

Dass es hier so großartig, so aufregend ist! Eine Besucherin aus Cancun in Mexiko hat es vor ein paar Jahren, wie ich finde, sehr treffend gesagt: New York mag nicht die schönste Stadt der Welt sein – sicherlich aber ist es die mit Abstand spektakulärste!

530 GALLERIES TO THE RIGHT
530 W 25th Street
Visit these galleries and others on our upper floors
Enter through the door marked 530 on your right
GALLERIES
Agora Gallery
Blue Mountain Gallery
Bowery Gallery
Larissa Goldston Gallery
New Century Artists, Inc.
Noho Gallery
Pleiades Gallery
Prince Street Gallery
Viridian Artists, Inc.
Winston Wachter Fine Art
530 W 25th Street
ILLUMINATION: AN EXHIBITION OF FINE ART PHOTOGRAPHY
Agora
SOLITARY SPACES
OWEN GRAY
SPACE AVAILABLE
EXCLUSIVE LEASING AGENT
REBECA MENDOZA
VALERIA VILAR
PICTORIAL FANTASIES
ARTEMISA
IRVING BARRETT
Selected Works 1996 - 2016
April 19 - May 7, 2016
noho gallery
M55 Art
530 West 25th St., 4th Fl., NYC 10001 · Tues.-Sat. 11-6 pm
PRINCE STREET GALLERY
Mary Salstrom

19

MANHATTAN
CHELSEA

MIT GUSTAVO ASTO

TJ LB

WILLKOMMEN IN CHELSEA:

KUNST UND LEBENSKUNST SIND HIER ZU HAUSE

Eine zu neuem Leben erweckte historische Keksfabrik (Chelsea Market), eine zur Wanderroute und Rückzugsoase umgebaute Hochbahnlinie (High Line) und ehemalige Schlachthöfe (Meatpacking District), die heute völlig anders genutzt werden. Der besondere Reiz von Chelsea liegt in der kreativen und konsequenten Verwandlung historischer Bausubstanz in superhippe, stylische Orte: Restaurants, Cafés und Bars, Flagship Stores für den coolen Ableger der Alta Moda, von Stella McCartney über Helmut Lang bis zu Diane von Fürstenberg, hochwertige Lebensmittel und vor allem Kunstgalerien über Kunstgalerien. Kultur in ihren unterschiedlichsten Spielarten ist in Chelsea lebendig. Und das 24 Stunden, jeden Tag der Woche – 24/7, wie die Weltmeister der eingängigen Abkürzung das so passend nennen.

Die Gegend vibriert, akustisch und vor allem optisch. »Habt ihr ein paar Wochen Zeit? Dann schaffen wir's vielleicht einmal durch alle coolen Ecken von Chelsea.« Gustavo freut sich, dass das seine Gegend ist. Er ist mit seinen Eltern im Alter von zwei Jahren aus Peru hergekommen und heute stolzer Gastgeber in dieser so quirligen und hochattraktiven Ecke. Wir werden von Beginn an das Gefühl nicht los, jede zweite Ecke schon mal als Kulisse eines Films oder einer Serie gesehen zu haben. Gustavo bestätigt: »Hier wird ständig gedreht; *Sex and the City* zum Beispiel hat den Hype um den Meatpacking District eindeutig mit befördert. Und die Schwulenszene, die diese Ecke früh für sich erobert hat.« Unweit der berühmten Christopher Street im West Village gibt es hier zahlreiche entsprechende Clubs und Orte der Szene.

»Die Leute empfinden New York aus der Distanz häufig als anonymen Ort«, fährt Gustavo fort. »In Chelsea ist das definitiv nicht so. Das Leben hier fühlt sich an wie in einer Kleinstadt. Vermutlich noch mehr als in echten Kleinstädten …« Er lacht. Das tut er oft und gerne, so dass wir einen sehr amüsanten Tag miteinander verbringen. Und er grüßt immer wieder Leute aus seiner Nachbarschaft, die er auf dem Bürgersteig oder in einem Auto erkennt. Kleinstadtleben eben.

»Für viele stellt der Chelsea Market die Mitte unseres Viertels dar. Sie kommen, suchen sich aus endlosen Angeboten was zu essen auf die Hand aus und spazieren dann auf die High Line, setzen sich auf einen der vielen Liegestühle oder Sessel und genießen den Blick über den Hudson. Es ist schon super, wenn man so ein Angebot im eigenen ›Hintergarten‹ hat.«

Vor allem für Kunstfreunde und Ästheten aller Art ist Chelsea das Eldorado: Die Kreativität großer und kleiner Künstler, Kunstwerke für Liebhaber und solche von Weltruhm machen den Besuch in diesem Stadtteil sehr inspirierend. Sicher kein Zufall, dass das Whitney Museum sein neues Gebäude, geplant vom Architekturstar Renzo Piano, hier in Chelsea, am Beginn der High Line gebaut und 2015 eröffnet hat. Wer die großartige Dauerausstellung und die spannenden Wechselausstellungen besucht, wird nebenbei mit neuen Blicken und Perspektiven auf das Szeneviertel belohnt. »Und wenn du dann mal nach unten schaust, dann siehst du, dass es in Meatpacking auch noch Menschen gibt, die ihr Geld mit dem Schlachterhandwerk verdienen. Auch dieses verrückte Nebeneinander macht Chelsea aus.«

1. MEATPACKING DISTRICT

Etwas weiter südlich, direkt im Anschluss an Chelsea, schmiegt sich der sogenannte Meatpacking District an. Hier beginnt die High Line, Höhe 12nd Street, gleich beim neuen Whitney Museum. »Irgendwie kann man Meatpacking auch ein bisschen nach Chelsea eingemeinden. Aber eines gibt es nur hier: An manchen Nachmittagen sieht man auf den wenigen Schlachthöfen noch, wie Kuhkadaver in riesigen Mülltonnen entsorgt werden.«

»Die Gebäude in dieser Ecke sind alle relativ niedrig, maximal fünf Stockwerke hoch, deshalb ist es im Meatpacking District bei schönem Wetter besonders prächtig und sonnig«, erzählt Gustavo.

Früher haben Schlachthöfe und Metzgereien diese Gegend dominiert. Aber wie an vielen anderen Standorten in New York hat die Kraft des Immobilienmarktes sich auch in dieser Gegend durchgesetzt. »Meatpacking liegt so mitten in der Stadt, dass es nur eine Frage der Zeit war, bis man es schick fand, in dieser Art von Gebäuden ganz andere Geschäfte anzusiedeln. Heute hängt hier Haute Couture sprichwörtlich am Fleischerhaken.« Die meisten der ursprünglichen Fleischereien haben ihre Standorte verlegt und sind in günstigere, entlegenere Gegenden gezogen.

Die Gegend hat vom Wandel allerdings auch maßgeblich profitiert. Die Fleischereien beginnen traditionell sehr früh mit ihrer Arbeit und schließen am frühen Nachmittag schon wieder. Deshalb hatte sich hier ab den späten Nachmittagsstunden über Jahrzehnte eine gefährliche Mischung aus Prostitution, Drogenhandel und Kleinkriminalität eingenistet. Vor 15 Jahren kam dann der Wandel und damit das Ende dieser Szene.

»Meatpacking ist mittlerweile sehr sicher und sehr sauber. Das ist gut. Architektonisch gibt es übrigens ein spannendes Phänomen. Hier wird sehr viel renoviert, aber immer in diesem historischen Stil der Gegend, so dass man häufig denkt, das sei alles wirklich alt. Es kann durchaus sein, dass man in einem funkelnagelneuen Raum steht, der aber perfekt im Stil einer 50er-Jahre-Metzgerei hergerichtet wurde.«

Der Meatpacking District war noch in den 1990er Jahren genau das: eine Gegend, in der vor allem Fleisch verarbeitet wurde. Heute reihen sich hier feine Boutiquen an feine Restaurants. Und auch der New Yorker Kunstbetrieb hat mit dem neuen Whitney Museum ein Highlight in Meatpacking.

DER NEUE TREND: CITY BIKE ODER SCHROTTFAHRRÄDER

»Früher bin ich viel mit der Metro gefahren, heute fahre ich Rad, genauer gesagt, City Bike.« Gustavo liegt damit voll im Trend. Ob es asiatische Lieferanten auf ihren E-Bikes sind, die im Kamikaze-Stil durch das Viertel brettern, oder die New Yorker Berufstätigen, die es schätzen, an den Leihstationen an vielen Ecken jederzeit ein Fahrrad zur Verfügung zu haben, ohne sich selbst um wertvollen Stauraum kümmern zu müssen.

»Jedes Mal, wenn ich hier aufs Rad steige, wird mir meine Sterblichkeit bewusst«, sagt Gustavo, der die Mischung aus ›todesverachtendem Mut und Fitnesstraining‹ trotzdem sehr reizvoll findet.

»Entweder du leihst jeweils ein Rad und gibst es danach einfach an einer Station ab, oder du brauchst ein totales Schrottrad. Alles andere wird hier innerhalb kürzester Zeit geklaut. Schade, aber das ist meine Erfahrung.«

Gustavo kann dem aktuellen Trend zum Radeln aber noch etwas Positives abgewinnen: »Seit ich aus den U-Bahn-Schächten wieder ans Licht gekommen bin und mich dabei auch noch bewege, merke ich, wie das meiner Haut guttut.« Für 15 Dollar am Tag oder 30 Dollar pro Woche kann man die knallblauen Räder ausleihen, auch eine Monatsgebühr wird angeboten. Als wir die Radler im Verkehrsfluss beobachten, bleibt die bange Frage, ob wir uns die Fitnesspunkte nicht doch lieber zu Fuß erarbeiten. Es scheint fraglich, ob die New Yorker Taxifahrer den Blick für die Radler und ihrer touristisch umherschweifenden Sicht schon geschärft haben. Radwege gibt es zwar an wenigen Stellen, aber auch eher als unverbindliche Empfehlung, dass hier Fahrrädern Vorrang gewährt werden könnte.

2. THE HIGH LINE

Wir treffen Gustavo am Apple Store, Ecke 14th Street. »Der ist einfach so extrem gut zu finden.« Dann führt er uns gleich zur High Line. Die etwa 2,5 Kilometer beziehungsweise 30 Häuserblocks lange ehemalige Hochbahn ist mittlerweile eine gefragte Attraktion für viele New-York-Besucher. Auf Höhe der vierten Etage flaniert man über gepflegte Holzdecks mit üppigem Pflanzenbewuchs von der 12th bis weit hinauf zur 34th Street. Der Holzpfad windet sich durch Häuserschluchten, unter dem Standard Hotel und anderen Gebäuden hindurch, bietet Blicke auf pulsierende Avenues und imposante Wolkenkratzer wie das Empire State Building und macht im nördlichen Teil eine großen Bogen hinter der Penn Train Station. »Das ist dann schon nicht mehr Chelsea, aber die High Line hat hier angefangen und gehört natürlich zu Chelsea.« Mehr als 70 Jahre wurde die ehemalige Versorgungsader der Stadt nicht mehr genutzt, bevor Stadtplaner sie zunächst abreißen und entfernen lassen wollten, weil sie immer schäbiger und baufälliger wurde. »Einer Bürgerinitiative ist es zu verdanken, dass hier heute dieser wunderbare schlanke Park entstanden ist«, weiß Gustavo. »Bauingenieure und Stadtplaner aus aller Welt haben damals Vorschläge gemacht, was man mit diesem Ding noch anfangen könnte. Heute gibt es hier eine Vielzahl interessanter Pflanzen, Erholungsmöglichkeiten und ein ganzjähriges Angebot an coolen Events: Tanzen, Outdoor-Kino oder Skulpturen-Ausstellungen. Ich mag den super realistischen *Schlafwandler* sehr, der hier seit einiger Zeit steht. Viele halten die Skulptur für einen echten Menschen, aber er ist aus Bronze …«

Die High Line fühlt sich selbst wie ein bewachsenes großes Kunstwerk an. Die grüne Oase mit vielen Orten zum Sitzen, Ruhen und Entspannen lädt Künstler förmlich dazu ein, sich kreativ zu betätigen. Die hyperrealistische bemalte Bronzeskulptur in der Nähe des Standard Hotels trägt den Titel *Der Schlafwandler*.

Der Chelsea Market ist eine Ansammlung spannender kulinarischer Angebote. »Manchmal wünscht man sich, dass es regnet und man einen guten Grund hat, sich durch die Leckereien zu probieren«, freut sich Gustavo.

3. CHELSEA MARKET

Eine Treppe führt uns von der High Line hinunter in die 15th Street und dann direkt zum Chelsea Market. »Hier in dieser alten Keksfabrik ist der Oreo Cookie erfunden und über Jahrzehnte produziert worden. Mitten in New York.« Einen ganzen Block groß ist der mächtige Gebäudekomplex, in dem heute vor allem Feinkostläden und Restaurants, aber auch Boutiquen und die Zentrale der MLB, der Mayor League Baseball, zu finden sind.

»Einige meiner Lieblingsrestaurants sind genau hier in der Markthalle. Hier gibt es ein japanisches Restaurant mit mexikanischen Einflüssen, einen Sushi-Laden mitten in einer Fischhalle, ein vegetarisches Sushi-Restaurant, einen Laden, der sich auf Gerichte aus Tahiti spezialisiert hat, aber auch Doughnuts und Burger. Mein allerliebstes Restaurant ist The Green Table. Das hat für mich die besten Burger in ganz New York. Sie haben ein großartiges Konzept, das sie ›from farm to table‹, also ›vom Feld direkt auf den Tisch‹ nennen. Das schmeckt gut und ist gut.«

Die Doughnuttery zum Beispiel variiert den Lieblingskrapfen der Amerikaner auf liebevolle Art und Weise mit lokalen und exotischen Zutaten.

Früher eine Hochbahnlinie, auf der Waren nach Chelsea transportiert wurden, ist die High Line heute eine Touristenattraktion und ein Naherholungsbereich für die New Yorker zugleich. Die Pflanzenvielfalt ist ebenso spannend wie die Blicke und Perspektiven, die das 2,5 Kilometer lange Band zwischen 14th und 34th Street bietet.

SKECHERS
HSBC
AMERICAN EAGLE

Wer mit der Rolltreppe in die oberste Etage der Burlington Coat Factory fährt, genießt einen wunderbaren Rundblick auf den Union Square. Hier beendet Gustavo unsere Runde. »Wir sind hier eigentlich schon nicht mehr in Chelsea, der Union Square gehört zum Flatiron District, benannt nach diesem dreieckigen Gebäude in der 21st Street, das wie ein steiles Bügeleisen aussieht. Aber ich mag die Ecke sehr, weil man hier wunderbar Menschen beobachten kann. Und ich mag den Obst- und Gemüsemarkt, den ältesten Green Market von New York, der hier seit den 60er Jahren viermal in der Woche (nämlich Montag, Mittwoch, Freitag und Samstag, jeweils zwischen 8.00 Uhr und 18.00 Uhr) stattfindet.«

Big Apple Greeter

Die Tour mit Gustavo.

GUSTAVO ASTO

- wurde in Peru geboren und ist mit seinen Eltern im Alter von zwei Jahren nach New York gekommen
- hat zwischenzeitlich in New Jersey gelebt, ist dann aber schnell wieder zurück in ›seine Heimatstadt‹ gezogen
- lebt seit 1990 in Chelsea, Greeter wurde Gustavo 2006
- hat seine eigene Kunstschule gegründet und leitet diese noch heute; die kleine Akademie bietet spezielle Kunstlehrgänge für öffentliche Schulen an
- kennt nach eigenem Bekunden »keinen Menschen in New York, der nicht irgendeiner ehrenamtlichen Aufgabe nachgeht – und das gerne, nebenbei

»NEW YORK FRAGT SEINE BESUCHER STÄNDIG, WIE SIE SO DRAUF SIND UND WAS SIE AN NEUEM MITBRINGEN. WENN DAS SPANNEND IST, DANN ÖFFNET SICH NEW YORK DAFÜR UND FRAGT INTERESSIERT NACH. VIELE ANDERE ORTE TICKEN ANDERS: ›WIR SIND ÜBRIGENS SO UND SO, JETZT PASS DICH MAL SCHÖN AN UNS AN.‹ ABER NEW YORK IST HUNGRIG AUF IMMER NEUE EINFLÜSSE VON AUSSEN.«

WAS FINDEST DU AN DER IDEE DER BIG APPLE GREETER BESONDERS GUT?

Die Big Apple Greeter helfen aktiv mit, dass das Bild von New York weltweit besser wird, korrigiert wird. Ich habe es mal in Rom erlebt. Ich habe mich da furchtbar verlaufen, und ein Italiener, der kein Wort Englisch sprach, hat mir geholfen, den Weg zu finden, ist sogar mitgefahren und hat seinen Proviant und seine Kopfhörer mit mir geteilt. Wir haben uns mit Händen und Füßen perfekt verstanden. Das war großartig, als wir jeder mit einem Hörer im Ohr durch Rom gefahren sind (lacht). Als ich von Big Apple Greeter hörte, habe ich zuallererst an ihn und sein Beispiel gedacht.

IST DEINE PERSÖNLICHE GESCHICHTE EINE TYPISCHE NEW YORKER BIOGRAFIE?

Ich glaube schon. Die ganze Stadt ist voller Einwanderer und Außenseiter, so wie meine Familie damals, als wir voller Träume hierhergekommen sind. Menschen, die sich fremd fühlen, brauchen Freunde, brauchen Menschen, die ihnen die Hand reichen. Die Big Apple Greeter verbinden Menschen aller Herren Länder miteinander und mit uns hier. Ich selbst finde es großartig, etwas aus dem Leben anderer Menschen zu erfahren, wie sie leben, wovon sie träumen, was sie bewegt. Die Stadt durch ihre Augen zu sehen bereichert mich zudem sehr.

HAST DU EINE LIEBLINGSBESCHÄFTIGUNG, DER MAN NUR IN NEW YORK NACHGEHEN KANN?

An einem lauen Sommerabend draußen am Lincoln Center zu schöner Musik unter freiem Himmel tanzen. Das wird jedes Jahr ab Ende Juni drei Wochen lang dort angeboten – jeden Abend! Wenn zum Beispiel eine Tangoformation spielt, zeigen sie dir eine Stunde lang, wie man Tango tanzt, und das kannst du dann bis tief in die Nacht tun. Am nächsten Abend gibt es Swing,

dann Salsa, dann brasilianische Musik. Da kommen immer Tausende von Menschen hin und tanzen miteinander, so dass du das Gefühl hast, Teil einer großen Open-Air-Musical-Aufführung zu sein, mitten in New York! Ab 22.00 Uhr geht es dann mit Kopfhörern weiter, damit die Anwohner nicht gestört werden. Ein unglaublich schönes Bild: zu unhörbarer Musik tanzende Menschen.

WENN DU EINEN LIEBLINGSPLATZ IN NEW YORK BENENNEN SOLLTEST, WELCHER WÄRE DAS?

Ich liebe die immer rappelvolle Canal Street in Chinatown. Hier begegnen dir in kürzester Zeit die unterschiedlichsten Menschen. Was ich besonders gerne mache, ist, kurz die Gespräche anderer zu belauschen. Mütter geben ihren Kindern Anweisungen, Geliebte säuseln einander ins Ohr, Freunde lachen zusammen, und ich tauche für Sekunden in das Leben dieser Leute ein. Sich kurz inspirieren und mitreißen lassen von der Lebens- und Gefühlswelt anderer Menschen, das kann man in der Canal Street besonders gut erleben.

WAS AN DER CANAL STREET IST DENN BESONDERS TYPISCH FÜR NEW YORK?

Immer wenn ich dort bin, denke ich, dass New York schon vor 100 Jahren genauso gewesen sein muss. Die Straßenhändler aus allen Enden der Erde, viele, die nur gebrochenes Englisch sprechen. Der Geist dieser Leute, die es hier schaffen wollen, beruflich und mit ihrer ganzen Existenz, ihre Energie, Arbeitsleistung und Willenskraft begeistern mich total. Diese Haltung ist das Fundament dieses Landes und dieser Stadt.

WELCOME
WELCOME
PIER A
WELCOME
PIER A
WELCOME
ELCOME

20

MANHATTAN

FINANCIAL DISTRICT

MIT BRUCE RICH

TJ LB

WILLKOMMEN IM FINANCIAL DISTRICT:

DIE NARBE IN DER WIEGE DER STADT HEILT SCHRITT FÜR SCHRITT UND LÄUTET EIN NEUES ZEITALTER EIN

Als die ersten Siedler nach New York kamen, landeten sie mit ihren Booten genau hier. Und auch heute kommen hier Boote und Fähren an oder steuern zu fernen und nahen Zielen: Governors Island, Staten Island, Fährverkehr nach Brooklyn und New Jersey. Schon die Geschichte und das maritime Treiben wären Grund genug, die Gegend zu besuchen, die heute Financial District genannt wird, weil von hier aus die Weltmärkte ihre entscheidenden Impulse erhalten. Die berühmte Wall Street mit der New York Stock Exchange heißt übrigens so, weil dort, wo heute Aktien ihren Besitzer wechseln, früher der Begrenzungswall der ersten Siedlung stand. Im Lauf der Jahre hat die Südspitze Manhattans mit der Börse, der Federal Reserve Bank of New York und vielen anderen bedeutenden Finanzinstituten und Versicherungen den Spitzenplatz der internationalen Finanzszene erobert. »Das ist aber keinesfalls ein Grund, diese Ecke zu besuchen«, lässt uns Bruce gleich zu Beginn wissen. »Die Geschäfte finden hinter dicken Mauern statt. Aber was hier historisch passiert ist, sei es ganz zu Beginn der Stadtgeschichte oder erst jetzt in den letzten Jahren, ist sehr interessant und bewegend. Hier ist die Stadt verwundet worden, und hier steht sie gerade aus der eigenen Asche wieder auf. Das Mahnmal, der neue Freedom Tower, die marmorweiße U-Bahn-Station, das ist New York. Immer wieder anfangen und sich immer wieder neu erfinden.«

Bruce freut sich, dass das Straßenbild, das jahrzehntelang von hochseriösen Herren in Nadelstreifen dominiert wurde, mittlerweile immer mehr von ›normalen‹ Menschen geprägt wird. »Die jüngsten Entwicklungen haben dazu geführt, dass hier an manchen Tagen mehr Besucher zu sehen sind als Börsenmakler und Banker. Ich finde das sehr erfrischend! Früher hat hier zu 100 Prozent Business stattgefunden, praktisch zwischen 8.00 und 17.00 Uhr, danach war alles wie ausgestorben. Heute pulsiert hier rund um die Uhr das Leben in vielen Facetten. Ich finde, dass die Gegend dadurch sehr gewonnen hat.«

Der Trend begann schon in den 1960er und 70er Jahren, als die ersten Unternehmen aufgrund der hohen Mieten ihre Büros in Richtung Midtown oder gar nach New Jersey verlegten. Spannend nebenbei, wie häufig der New Yorker Mietwahnsinn Umzugswagen anrücken lässt, um ganze Branchen zu versetzen. Die nächste spürbare Zäsur war der 11. September, nach dem in der Gegend nichts mehr so war wie zuvor. Von diesem Schock hat sich der Financial District nur langsam erholt und das Vakuum mit vielen eindrucksvollen Gebäuden und neuen Angeboten gefüllt. »Heute wohnen auch wieder Menschen an dieser Stelle, wo die Besiedlung der Stadt vor Jahrhunderten begonnen hat. Viele Büros werden gerade in private Wohnungen verwandelt. Das Blatt hat sich inzwischen gewendet, Immobilien sind in Midtown wieder teurer als hier.« Dabei fällt speziell an der Südspitze Manhattans auch heute nur wenig Sonnenlicht auf die Straßen. Viele der Skyscraper sind mehr als 300 Meter hoch, und so entsteht an vielen Stellen der Eindruck, dass man sich wirklich in einem Beton-Dschungel zu befindet. Dennoch lassen sich hier im alten Manhattan wunderschön die architektonischen Unterschiede feststellen. »Die ersten Hochhäuser stammen aus den späten 1880er Jahren bis in die 1920er Jahre. Zu dieser Zeit hat man noch mit

Verzierungen und vielen Details gearbeitet wie beim Kirchenbau. Das Woolworth Building am Broadway von 1913 zum Beispiel ist immer noch eines der schönsten Hochhäuser der Stadt. Heute baut man funktionaler, und so sind die Häuser vielfach einfach rechteckige Wohn- und Bürotürme. Dabei ist zu beobachten, dass die neueren Häuser nach oben hin schmaler werden. Mit neuen Baugesetzen wollen die Verantwortlichen verhindern, dass wirklich gar keine Sonne mehr auf die Straßen und Plätze fällt.« Das Hochhaus, das Frank Gehry zwischen 2006 und 2011 in der Spruce Street errichtet hat, fällt da aus dem Rahmen: Die organischen Formen des metallisch-spiegelnden Gebäudes stellen eine Bereicherung der Skyline der Südspitze dar. Und auch was rund um Ground Zero in den vergangenen Jahren gewachsen ist, ist sehenswert. Teilweise ist es berührend zu sehen, wie die Attacke auf die Stadt und ihre Menschen zu sehr nahbaren und persönlichen Ausdrucksformen geführt hat. Auch Bruce empfindet das so: »An diesem Ort der großen Geschäfte und der hohen Häuser spürt man heute viel Menschlichkeit und Verletzlichkeit.«

1. DIE WALL STREET MIT DER NEW YORKER BÖRSE

Wir treffen Bruce in der Wall Street, die ja eigentlich nur ein Sträßchen ist, so dass man sie beinahe verfehlen würde. Hier liegt sie also, die größte Börse der Welt, die New York Stock Exchange (NYSE), die der kurzen Straße zu weltweitem Ruhm verholfen hat. »Als 1792 alles losging, hat der Aktienhandel unter freiem Himmel stattgefunden, wie auf einem Gemüsemarkt. 24 Börsenmakler und Geschäftsinhaber haben sich damals unter dem Blätterdach einer riesigen Platane getroffen. Deshalb heißt die erste Vereinbarung, die sie damals ausgehandelt haben, das Buttonwood Agreement (Platanen-Vereinbarung). Das erste amerikanische Handelsabkommen war übrigens zwei knappe Sätze lang.« Bruce ist sehr gut vorbereitet und hat Freude an Geschichte. »Später sind die Herren dann in ein Kaffeehaus umgezogen. Erst 1817 hat sich die Börse in ihrer heutigen Form etabliert. Dass die Wall Street auch heute noch sehr traditionell unterwegs ist, merkt man daran, dass man nur mit Anzug und Krawatte auf dem Parkett zugelassen wird.«

Auf dem Weg von der Börse zum Battery Park kommen wir an der gewaltigen Bronzeskulptur eines Bullen vorbei, die der Künstler Arturo Di Modica geschaffen hat. Kurioserweise hat er das Kunstwerk im Dezember 1989 eines Nachts einfach anonym vor der Börse abgestellt. Die Verantwortlichen waren zunächst verärgert und ließen das Objekt entfernen. Die kuriose Art der Schenkung war natürlich ein gefundenes Fressen für die Medien, so dass sich die Stadt intensiv mit dem Bullen beschäftigte. Heute steht die Skulptur ein paar Straßen von der NYSE entfernt und ist ein sehr beliebtes Fotomotiv.

2. BATTERY PARK

»Der Battery Park hat nichts mit Batterien zu tun. Der Name kommt von den Kanonen, mit denen sich die holländischen Siedler gegen die Übergriffe der Engländer und der Indianer verteidigt haben.« Anfang des 17. Jahrhunderts haben die Siedler hier einen etwa vier Meter hohen Verteidigungswall aus Holz gebaut; das war der Namensgeber der Wall Street, die heute nur noch auf der Ostseite so heißt. Um 1660 hat dieser Wall jedoch nicht verhindern können, dass die Engländer die Oberherrschaft in Manhattan übernahmen und aus Nieuw Amsterdam New York wurde.

Vom Hafen im Battery Park kann man viele Attraktionen sehen. Die Freiheitsstatue, Ellis Island, wo alle Immigranten zunächst gelandet sind, Brooklyn im Osten, Staten Island im Süden und New Jersey im Westen. »Die eigentlichen Handelshäfen haben sich inzwischen nach Brooklyn und New Jersey verlagert. Hier ist es umso spannender für Touristen und Geschichtsinteressierte.« Im Park gibt es neben dem Nachbau des historischen Castle Clinton, das Teil der Befestigungsanlage war, ein gepflanztes Labyrinth, den Garten The Bosque mit urwaldartigen Bäumen und einer Brunnenanlage mit spektakulären Wasserspielen sowie einen kleinen Schaubauernhof, auf dem Biogemüse angepflanzt wird.

Diese beschädigte Skulptur im Battery Park stand bis zum 11. September 2001 im Foyer des World Trade Centers.

3. ZUCCOTTI PARK

Auf dem Weg zum 9/11 Memorial kommen wir am Zuccotti Park vorbei. Auf der großen Granitfläche mit Schatten spendenden Bäumen und zahlreichen Bänken legen Broker und Touristen gleichermaßen gerne eine kurze Pause ein. »Der Zuccotti Park war das Zentrum der Occupy-Wall-Street-Proteste im Jahre 2011. Vielleicht erinnert ihr euch an die Menschen mit diesen schwarz-weißen Masken, die sich hier getroffen und gegen die soziale und ökonomische Ungerechtigkeit protestiert haben«, erzählt uns Bruce. »Insofern ist es interessant, dass dieser Park früher Liberty Plaza Park hieß! Auch spannend: Obwohl die Ecke hier wirklich nicht für gutes Essen bekannt ist, sind die Imbissbuden im Park Legende. Meistens stehen die gleichen acht Karren hier, häufig warten an jedem der Stände mehr als 40, 50 Leute, bis sie an die Reihe kommen.«

Der Zuccotti Park ist bei den New Yorkern bekannt für seine hervorragenden Imbissangebote.

7. DER FUSSGÄNGERWEG ÜBER DIE BROOKLYN BRIDGE

Sicherlich ist der holzbeplankte Fußgängerweg über die Brooklyn Bridge einer der berühmtesten Wege in New York. »Ich kann den Besuchern allerdings nur empfehlen, mit der U-Bahn nach Brooklyn zu fahren und von dort aus über die Brücke zu gehen. So hat man dann die gesamte Zeit das Panorama der Skyline vor Augen«, empfiehlt uns Bruce. »Die Brücke wird intensiv genutzt von New Yorkern und Touristen, von Rad- und Autofahrern und natürlich von Fußgängern. Man kann rund um die Uhr über die 1,6 Kilometer lange Brücke spazieren. Das lohnt sich sowohl nachts als auch tagsüber. Man hat zwei völlig verschiedene Bilder vor sich. Beide großartig!«

Der Filmstar unter den Brücken: Die Brooklyn Bridge, 1883 als erste Hängebrücke der Welt mit Stahlseilen ausgestattet, überspannt den East River mit 486 Metern Länge.

USE
PED
SIGNAL
KEEP
AKIRA
30

Q14

Spaziergang an einem bedeckten Tag über die Brooklyn Bridge in Richtung Lower Manhattan. Die Spitze des One World Trade Center ist hier vom Hochnebel verdeckt.

Wer tagsüber im Financial District unterwegs ist, wird diesen Blick natürlich nicht genießen. Am Abend haben wir uns aufgemacht zum Liberty State Park in Jersey City, um den neuen Freedom Tower inmitten der Skyline zu bestaunen.

DIE STRASSEN
VON MANHATTAN
INSIDER-TIPPS VON SAMI STEIGMANN
FedEx

DIE STRASSEN VON MANHATTAN VERSTEHEN

HILFREICHES WISSEN ÜBER DIE KONSTRUKTION DES STRASSENRASTERS IM ZENTRALEN STADTVIERTEL

Als Sami Steigmann uns durch Midtown führte, war deutlich zu spüren, dass hier ein Systemarchitekt mit uns unterwegs war. Sami liebt es, Dinge zu durchschauen und die zugrunde liegenden Raster zu entdecken. Noch mehr Freude macht es ihm, sein Wissen mit anderen zu teilen. Das Gute daran ist, dass es in New York City sehr viel zu entdecken gibt, was sich auf den ersten Blick nicht gleich erschließt.

Die Stadt wurde auf Basis vieler logisch strukturierter Prinzipien konstruiert und funktioniert bis heute nach diesen Regeln. »Im Jahre 1811 haben die damaligen Stadtväter beschlossen, Manhattan mit Hilfe des sogenannten Grid, eines durchgängigen, rechtwinkligen Rasters, zu entwickeln. Nur deshalb sieht die Stadt heute aus, wie sie aussieht«, weiß Sami. Das hochverdichtete Stadtbild führt zum einmaligen Gesamteindruck und auch zur markanten Skyline, die vor allem aufgrund der Kompaktheit der Bebauung so eindrucksvoll ist.

Am Boden verhilft das Grid vor allem zu einer einfacheren Orientierung, vorausgesetzt, man versteht dessen Grundprinzipien. Weil wir Samis Entdeckungen spannend und hilfreich fanden, wollen wir hier gerne weitergeben, was Sami uns erläutert hat. Er formulierte das auf seine Weise: »Ich möchte euch gerne den Generalschlüssel zum leichteren Genuss der Metropole überreichen, damit ihr euch in New York auf Anhieb zurechtfindet.«

DER ANFANG

Der Italiener Giovanni da Verrazano, nach dem die Brücke am Eingang des Hafenbeckens von New York benannt ist, hat im Jahre 1524 das heutige New York entdeckt. Der Engländer Henry Hudson hat im Jahre 1609 dann den heute nach ihm benannten Hudson River befahren und ist hier an Land gegangen. Als ab 1624 zunächst 30 holländische Familien das heutige Manhattan (ursprünglich Manna-hatta, was in der Sprache der Ureinwohner ›hügeliges Land‹ heißt) besiedelten, begannen sie an der Südspitze, dem heutigen Downtown. 1626 kaufte Peter Minuit den Indianern die Insel für etwa 60 Gulden ab und gab ihr den Namen Nieuw Amsterdam. Die Wall Street bezeichnet einen der ersten Begrenzungswälle der damaligen Siedlung. Deshalb verlaufen die Straßen in diesem Gebiet bis heute nicht dem Raster entsprechend rechtwinklig, sondern entsprechen zumeist ihrem historischen Verlauf.

VIER ZONEN: DOWNTOWN, MIDTOWN, UPTOWN UND HARLEM

Manhattan lässt sich heute in vier Zonen teilen:
• Von der 23rd Street an südlich liegt Downtown.

Dieser dreidimensionale Stadtplan zeigt sehr schön das Grid, das rechtwinklige Straßenraster, das es so einfach macht, sich in weiten Teilen von Manhattan zu orientieren.

REGISTER

IN DIESEM BUCH ENTHALTENE
NAMEN UND ORTE VON A BIS Z

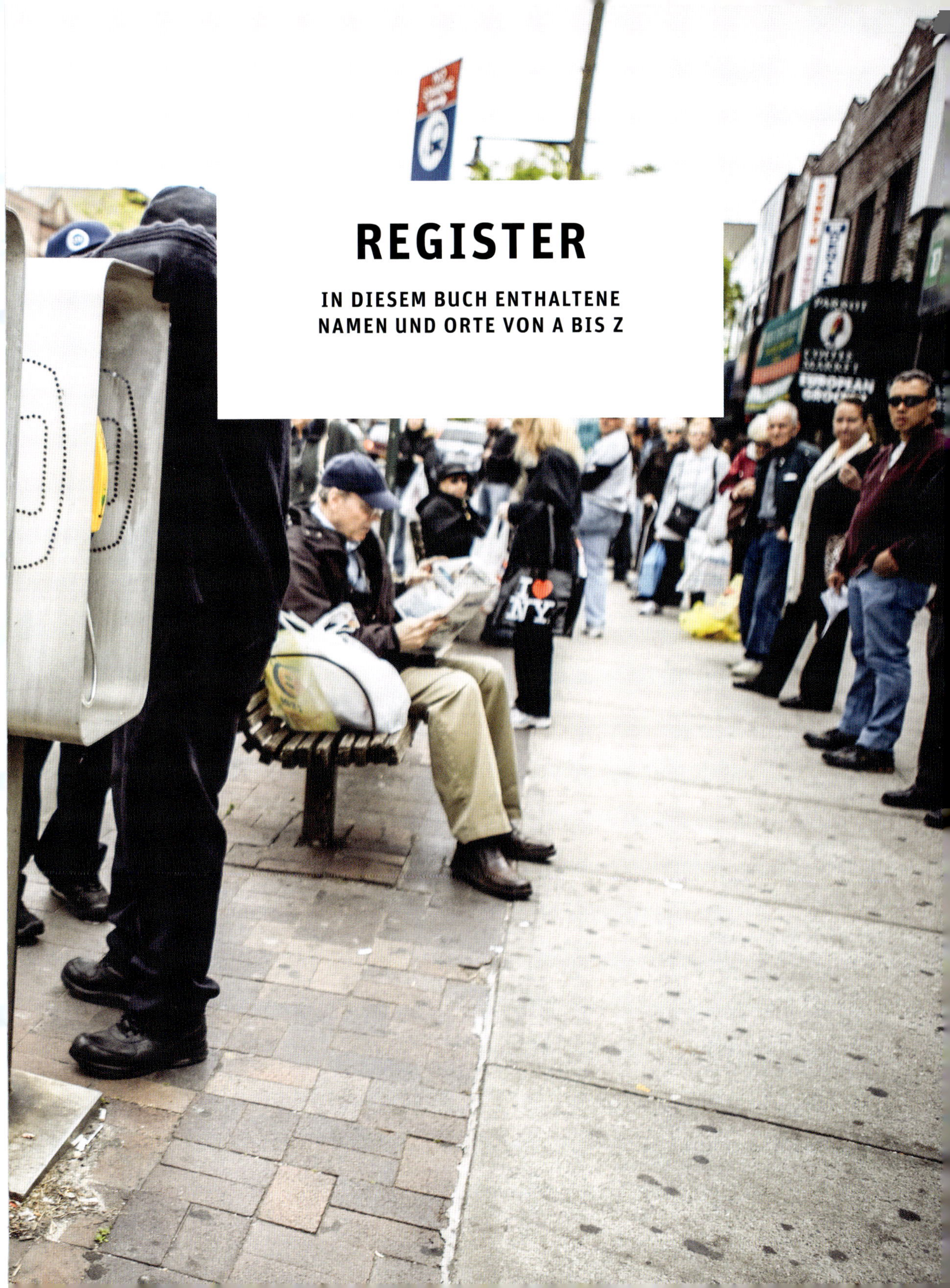

M

Museen

N

O

P

Parks

»LET'S GO OUTSIDE AND LET'S PRETEND IT'S NEW YORK.«

BOY, »NEW YORK«; 2015

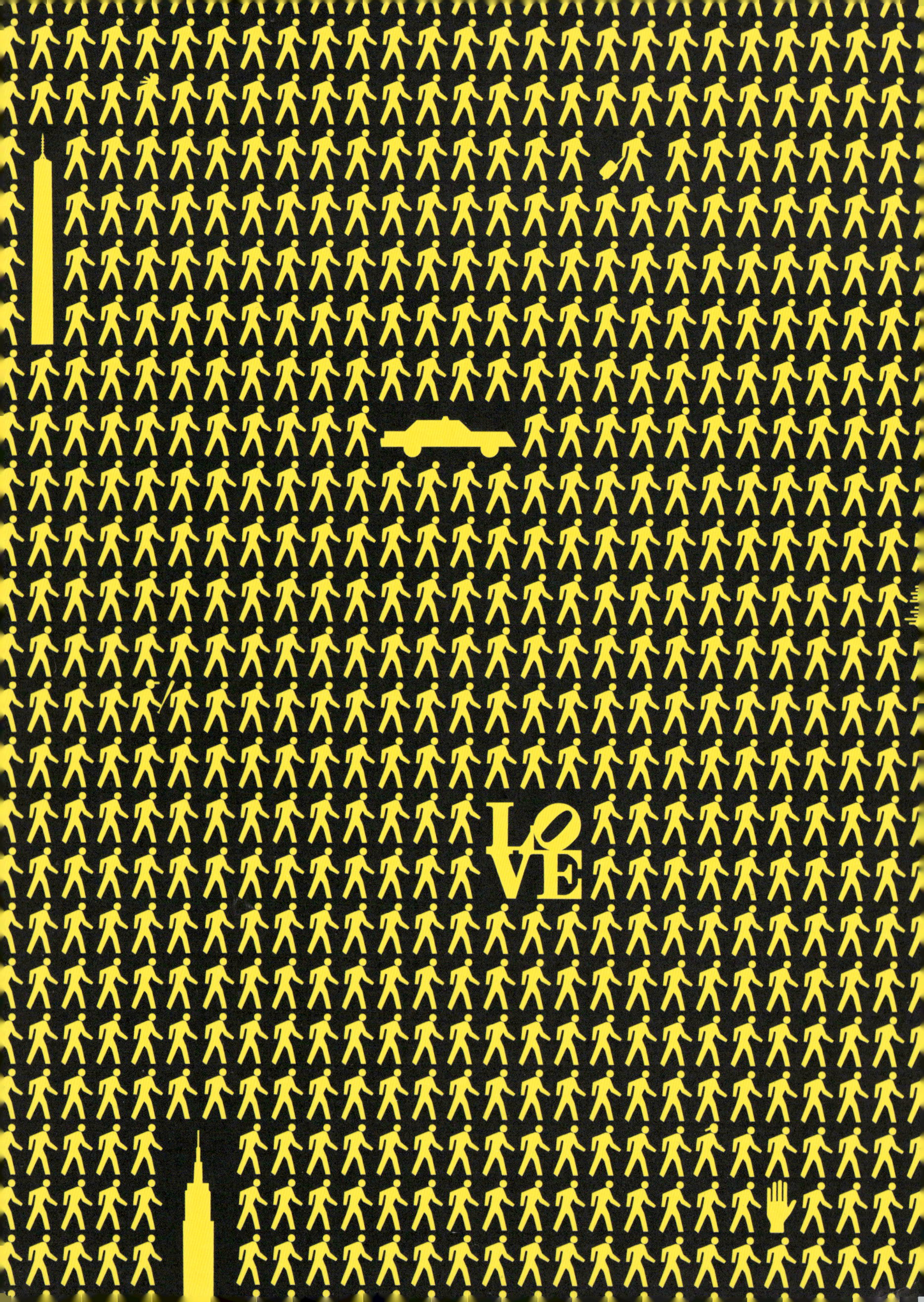
LOVE